T0368235

Una Introducción
a los Principios y Valores
de la Young Korean Academy

Una Introducción
a los Principios y Valores
de la Young Korean Academy

3rd Edition

Marn J. Cha

Fecha de revisión: 07/10/2024

Para realizar pedidos de este libro, contacte con:
Xlibris
844-714-8691
www.Xlibris.com
Orders@Xlibris.com
802137

DEDICATORIA

Dedico este libro a mis cálidos recuerdos de la Sra. Helen Ahn, cuyo incalculable sacrificio hizo posible la labor patriótica de su marido por Corea y por la humanidad. Al Dr. Chang Li Wook, cuyas preguntas difíciles durante mi audiencia para la admisión de la Young Korean Academy (YKA), me hicieron pensar en mi vocación.

Y al querido recuerdo del Sr. Harr Hee Ok, quien me introdujo a la YKA. También dedico este libro a la juventud de nuestro mundo y espero que los inspire a convertirse en líderes innovadores.

Con la asistencia y el apoyo de la Sede de la Young Korean Academy en Corea, la Young Korean Academy, EUA., El Capítulo de Los Ángeles de la Young Korean Academy, la Sociedad Histórica Coreana Central de California y la Fundación Coreana de Ultramar.

DEDICATORIA

PRÓLOGO

Estoy encantado de ver la publicación de esta tercera edición revisada y ampliada del manual en inglés de la YKA (Joven Academia Coreana), Un manual sobre los principios y valores de la Joven Academia Coreana, escrito por Marn J. Cha, una persona que conocía íntimamente, el fundador de YKA, la familia de Dosan Ahn Chang Ho, y es uno de los pocos testigos de primera mano de cómo los miembros fundadores de YKA vivieron sus vidas en el exilio en los Estados Unidos. Este manual de noventa y una páginas explica de manera concisa la esencia de los valores y la filosofía de Dosan Ahn Chang Ho, que encarna la YKA.

Es decir, qué se necesita para ser una persona moral y virtuosa y cómo entrenarse para llegar a serlo. La integridad, la honestidad, la fidelidad y la sinceridad y el amor a la humanidad. Al hacer que sus ideas y enseñanzas sean accesibles al público de habla inglesa, este manual saca a Dosan de los confines de Corea al mundo en general, lo que merece hacer.

Unos 110 años después de la fundación de YKA, el libro transmite a las próximas generaciones la valentía del legado, la camaradería, la fraternidad y el espíritu de Dosan de amar al prójimo como a uno mismo de los antiguos Boy Scouts Wha-Rang-Do coreanos. Esta tercera edición también está disponible oportunamente para satisfacer la necesidad de la conferencia YKA que se planea llevar a cabo en bilingüe, coreano e inglés, a mediados de noviembre de 2023, en Filadelfia, EE. UU.

Acerca de la conferencia anterior que se llevará a cabo en Filadelfia, me gustaría señalar que cinco estadounidenses se han inscrito para unirse a la Academia de Jóvenes Coreanos con el capítulo YKA de Filadelfia. Me alegra decir que la globalización de la YKA ha despegado. También tenemos miembros coreano-chinos de la YKA que pertenecen a la división YKA de Shanghai, que es sucesora de la división del Lejano Oriente de la YKA que Dosan Ahn Chang Ho fundó en 1919 en Shanghai, China. Veo una trayectoria futura de YKA. Dondequiera que uno viva, el mensaje de Dosan estará allí. El mensaje: cualquier persona en cualquier lugar que desee cultivar valores y perspectivas que apoyen la democracia como institución política pero también como forma de vida, venga y únase a la YKA. Esta cartilla servirá para ese propósito.

Nuevamente, es un honor y un placer para mí que, en representación de YKA, EE. UU., haya ayudado a hacer realidad este proyecto de publicación en particular. ¡Mis buenos deseos para todos los amigos y seguidores de YKA! Les extiendo mi agradecimiento a todos ustedes. ¡Y felicidades!

Profesor Edward Kwan Hun Rim, presidente de la Academia de Jóvenes Coreanos, EE.UU.
Barrington, Illinois, septiembre de 2023.

UNA COMENTARIO DE ÁNIMO

Saludos. Soy Cho Sung Doo, presidente de la junta directiva de la sede de la Academia Joven Coreana con sede en Seúl, República de Corea.

Mis más sinceras felicitaciones por la publicación de esta tercera edición actualizada y ampliada de Introducción a los principios y valores de la Academia Joven Coreana. Al igual que con la primera edición de 2018, el propósito del manual Cuéntame sobre el manual en inglés de YKA sigue siendo el mismo: hacer que los valores y la filosofía del fundador de YKA, Dosan Ahn Chang Ho, que YKA encarna, estén disponibles para el público de habla inglesa en todo el mundo.

Mi más sincera esperanza es que lo que ofrece este manual de YKA, las creencias e ideas de Dosan Ahn Chang Ho que promueven la democracia y la humanidad, resuenen en todos los que lo lean.

Al mismo tiempo, espero que los lectores revisen y comprendan la vida de Ahn Chang Ho, una vida dedicada a la iluminación y el desarrollo de su país. Su vida puede inspirar a los lectores jóvenes a hacer lo mismo para ayudar a sus respectivos países a avanzar hacia un futuro mejor.

Permítanme felicitar al autor, Dr. Mam J. Cha, por su esfuerzo por revisar y actualizar esta tercera edición. Su esfuerzo ejemplifica lo que debe hacer un miembro dedicado de YKA.

Desde su fundación en 1913, la YKA ha luchado por la independencia de Corea, seguida de su éxito en lograr la independencia de Corea y la democratización. Especialmente, la actividad universitaria de la YKA que se ha llevado a cabo en las principales universidades y facultades coreanas desde la década de 1960 seguirá produciendo jóvenes líderes de élite. Espero que los lectores de este manual fuera de Corea consideren hacer lo mismo y lanzar la actividad del campus de YKA en sus propios países.

Una vez más, felicidades y gracias.

Cho Sung Doo, presidente de la junta directiva de
la Academia Joven Coreana, Seúl, Corea
octubre, 2023

PREFACIO

Estoy encantado de que el Dr. Cha haya escrito este manual sobre Dosan Ahn Chang Ho y la Young Korean Academy (YKA). Este libro es único porque el Dr. Cha ha conocido a muchos miembros de la YKA de la primera generación, así como Helen Ahn, esposa de Dosan. Él ha sido un miembro de YKA desde 1960.

El público necesita conocer la vida de Dosan, así como sus perspectivas filosóficas y políticas. ¿Quién es Dosan? Dosan es un santo coreano. Él creía que el éxito comienza con pensamientos. Los pensamientos controlan las acciones; las acciones se convierten en hábitos, y los hábitos forman vidas.

Un testimonio de su influencia es el monumento en Riverside, California, donde se encuentra, hombro con hombro, con Mahatma Ghandi y el Dr. Martin Luther King Jr. Es imposible comprender los principios de YKA sin familiarizarse con Dosan. El Dr. Cha agrega una nueva perspectiva a la YKA con su conocimiento de primera mano y su nueva visión. Este libro explica la filosofía de Dosan, además de incluir compilaciones primarias de sus escritos.

Escrito originalmente en inglés, este libro no solo conmemora a Dosan y los logros de YKA, también celebra su heroísmo y creencias coreanas, relacionadas con la educación y la cultura. La influencia de Dosan brilla más eminentemente en estas creencias. YKA ha incorporado estos principios y continúa cumpliendo con ellos hasta el día de hoy.

Nuestro viaje como coreano-estadounidenses es único. Tenemos una historia complicada en esta nación. Servimos como los más pobres de los trabajadores hawaianos de la caña de azúcar a principios del siglo XIX. Sin embargo, somos descendientes de una gran nación.

Corea del Sur se ha convertido en la duodécima economía más grande del mundo. Es importante cerrar la brecha entre quienes continúan percibiendo a Corea del Sur como su país de origen y la generación nacida en los Estados Unidos. Young Korean Academy se estableció para promover la educación y la industria entre los coreano-estadounidenses. Este libro continuará ayudando a unir culturas y generaciones del futuro.

A nombre de todos los miembros de Young Korean Academy, felicito al Dr. Cha y todos los involucrados por sus destacadas contribuciones y servicios dedicados a publicar este libro. YKA está especialmente en deuda con nuestros colegas del Capítulo de Los Ángeles por su compromiso.

AGRADECIMIENTOS

En primer lugar, me gustaría expresar mi agradecimiento tardío y mis cariñosos recuerdos al Sr. Harr Hee-Ok, a quien conocí en 1959 en la casa club de Young Korean Academy en Los Ángeles. Me enseñó el conocimiento básico de los valores de Ahn Chang Ho y YKA. Un año después de conocerlo patrocinó mi membresía. Era septiembre de 1960. Tenía veintiún años.

El día en que iba a tener lugar mi admisión como miembro, el Dr. Chang Li-Wook, un eminente discípulo de Ahn Chang Ho, estaba visitando Los Ángeles. Entonces, el Sr. Harr Hee-Ok le cedió al Dr. Chang Li Wook la realización de mi interrogatorio, a lo cual accedió. Recuerdo que el Dr. Chang me hizo algunas preguntas difíciles, teniendo que hacer con mis valores y comprensión de YKA. Pero había algo más.

Cuando nos dimos la mano, dijo que a medida que envejeces, encontrarás cuál será tu vocación en YKA. Él estaba en lo correcto. Este libro es mi vocación. Si el Sr. Harr Hee-Ok no se hubiera interesado por mí, nunca me habría unido a YKA. Estoy agradecido de que lo haya hecho. Unos días después de mi admisión a la YKA, me presentaron a la Sra. Helen Ahn, la esposa de Ahn Chang Ho. Ella era amigable y cortés. Ella vivía en el Valle de San Fernando con su primer hijo, Philip.

Philip fue el actor asiático más conocido de Hollywood. Él y el resto de la familia Ahn era propietaria y operaba un restaurante chino llamado Moon Gate en Panorama City en Van Nuys. Me contrataron para trabajar en su restaurante como anfitrión y cajero, mientras iba a la escuela en la Universidad del Sureste de California. Allí conocí a todos los miembros de la familia Ahn, Philip, Philson, Susan, Soorah y Ralph. Fueron amables conmigo. El haber conocido y trabajado para la familia Ahn cimentó mi relación con YKA y creó un vínculo que duró toda la vida.

YKA me ha dado un gran valor. He escrito este manual de la YKA en inglés como mi vocación. Un pequeño gesto para retribuir. Tan lejos como sé, nunca se ha hecho la introducción de YKA en inglés. Es hora de que el resto del mundo sepa sobre YKA. El texto en inglés servirá para lograr este bien.

Mis amigos y colegas leyeron mi borrador del manuscrito y proporcionaron comentarios constructivos, lo que ayudó a mejorar la calidad final de este libro. Mi buen amigo, el Dr. Sunki Choe de Maryland, quien primero leyó mi manuscrito, seguido por un historiador, el Dr. Key S. Ryang de la Universidad de Mary Washington. Mi colega, el Dr. Russel Mardon, un profesor de ciencias políticas, especialista en política de Asia oriental, en el Depto. de Ciencias Políticas de la Universidad Estatal de California, Fresno, California, quien leyó mi borrador del manuscrito de principio a fin y ofreció unas valiosas sugerencias editoriales.

Ralph Ahn, el hijo menor de Ahn Chang Ho, leyó mi manuscrito, al igual que Westley Ahn, nieto de Ahn Chang Ho. Ellos pensaron que era hora de presentar YKA en inglés de una manera tan completa como lo hace este libro. El Dr. Yong J. Kim, M.D. de Los Ángeles lo leyó, al igual que Chang H. Lee, el antiguo encargado de la sede de YKA Los Ángeles.

Otros dos colegas de la YKA, el Sr. Ahn Jae-Hoon y el Sr. Kim Tae Soo también lo leyeron, seguidos por James Kwon y el Dr. Lee Yoon Bae, el ex presidente inmediato de la Junta de la Sede Central de la YKA en Corea. He recibido comentarios positivos de todos ellos. Ann Byers examinó mi manuscrito desde el punto de vista de editor de estilo profesional y ayudó a mejorar su legibilidad.

Una de mis audiencias como público objetivo son los jóvenes que hablan inglés. Eso incluye a los estadounidenses de ascendencia coreana. Hice un esfuerzo deliberado para llegar a ellos que lean mi manuscrito. Estaba interesado en escuchar lo que piensan de este manual desde su perspectiva como hablantes de inglés. Jean Choi, Andrew Cha, Leslie Song Winner, Ryan Kim,

Jean Choi, Andrew Cha, Leslie Song Winner, Ryan Kim, Grace Cha, Edward Park y Amanda Hwang participaron en la lectura del manuscrito. Dijeron que aprendieron mucho sobre la historia de Corea y su herencia. Confesaron que apenas sabían de la existencia de tal figura como Ahn Chang Ho, mucho menos del YKA.

Permítanme transmitir mi agradecimiento adicional al Sr.Ban Jae Choul, el ex presidente de la junta directiva de la sede de la YKA en Corea y Floyd Jung, el ex presidente de YKA EE.UU. Ellos me alentaron para asumir este proyecto. También debemos agradecer al Sr. Bill Yoon, un miembro senior de la sede de YKA Los Ángeles, y al Sr. Antonio Choi, el presidente de la administración pasada de la YKA Los Ángeles, por su apoyo moral.

También les debo mucho al presidente Sr. Yun Chang Hi, YKA U.S.A, al Sr. Moon Sung Keun, Gerente General de Planificación de Políticas en YKA Sede central y al Sr. Paul Min, presidente de la sede YKA Los Ángeles por su apoyo administrativo. Gracias a Jun Hak Lee y Jeong Koo Han de California Education and Culture por su experta ayuda en el diseño de la portada de este libro.

Un agradecimiento especial al asambleísta del Estado de California, Steven Choi, Ph.D., del distrito 68, quien patrocinó la resolución ACR 269 para designar el día 9 de noviembre, la fecha de nacimiento de Dosan, como el día de Dosan Ahn Chang Ho en California. Otros dos asambleístas, Jose Medina, de la Asamblea 61 del Distrito y James Patterson, de la Asamble 23 del distrito, también la co patrocinaron. En California tomó lugar una votación unánime en la resolución de este pasaje. La legislación del Estado el día 13 de agosto de 2018. Esto posiciona a Ahn Chong Ho en una etapa global.Mi esposa, Hackjo, me ha apoyado para seguir adelante. Bajo su vigilancia, cuidó de mi salud en los tres maravillosos años que me llevó escribir este libro.

Por último, pero no menos importante, me gustaría agradecer a la sede de YKA Corea, YKA EE.UU. y la sede de YKA Los Ángeles por su apoyo financiero y aliento. También me gustaría agradecer el apoyo de la Sociedad Histórica Coreana de California Central (Central California Korean Historical Society, CCKHS). Para la Fundación Coreana de Ultramar (Overseas Korean Foundation) al apoyar a CCHS, que también participó en ayudarme a completar este libro, por lo que estoy agradecido.

Los errores son únicamente míos. Me gustaría escuchar comentarios de los lectores. Pueden comunicarse conmigo al correo electrónico provisto en la contraportada.

CONTENIDO

CAPÍTULO VII

CAPÍTULO VIII

APÉNDICE

- Corea y Asia del Este -

**Young Korean Academy U.S.A Foto de
grupo de conferencia 1960**

La imagen es un retrato de grupo de los cuarenta y tres participantes en la convención anual de la Young Korean Academy de EE. UU. Celebrada en septiembre de 1960. Arrodillado en la primera fila, en el segundo frente a la izquierda está Kim Hak Kyung, cuarto, Kim Jook Bong, sexto, Marn J . Cha. Segunda fila, sentada, quinta desde la izquierda es la Sra. Helen Ahn (1884-1969), sexta, Louisa Hahn, séptima, Hahn Si Dae, octava, Dr. Chang Li-wuk, novena, Harr Hee Ok. Tercera fila, de pie, de izquierda a derecha, segundo, Sra. Harr Hee Ok, sexto, Philip Ahn, noveno, Lee Byong Gan, y cuarta fila, de pie, tercero, Cha Sang Dal.

La propiedad en el fondo sirvió como albergue de Young Korean Academy, EUA durante cuarenta y siete años desde 1932 hasta 1979. Esta propiedad todavía está en pie en 3421 S. Catalina Ave. Los Ángeles, California 9007. Se vendió a una empresa privada el 26 de diciembre de 1979.

Ahn Chang Ho (1878-1938)

Introducción

¡Ah, poder! Eso que no lo tenemos. Por lo tanto, alguien más nos pisotea. ¡Estamos indefensos! (Exclamación de Ahn Chang Ho a los 16 años al presenciar la guerra chino-japonesa en Corea en 1894)[1]

Antecedentes

La Young Korean Academy (de ahora en adelante, YKA) tiene más de un siglo y todavía funciona con solidez en Corea, EUA., Canadá y otros lugares.[2] Ahn Chang Ho, patriota y visionario coreano, fundó YKA en San Francisco en 1913.[3] Este manual te presenta de qué se trata YKA y la posible relevancia para tu vida. Veamos primero cómo llegó Ahn Chang Ho a establecer YKA. Luego veremos qué representa YKA, sus principios, valores y objetivos. (De ahora en adelante, Ahn Chang Ho se denominará Dosan por su seudónimo, que significa isla-montaña).[4]

Lo que inspiró a Dosan a crear YKA ocurrió en su adolescencia. A los dieciséis años fue testigo de un hecho que marcó el rumbo de su vida. Ese evento fue una guerra que se libró en Pyongyang, cerca de su ciudad natal, en lo que ahora es Corea del Norte. Para el joven Dosan, esta guerra fue extraña ya que eran los chinos y los japoneses quienes estaban peleando. Pero estaban peleando en Corea. Los coreanos fueron mutilados y asesinados en el fuego cruzado de estas dos fuerzas extranjeras. Dosan nunca vio tropas coreanas.[5] Muchas preguntas pasaron por la mente de Dosan. ¿Por qué pelean chinos y japoneses en suelo coreano? Entonces, ¿por qué el gobierno coreano, de aquel entonces, no hace nada cuando lastima a su gente? ¿No se supone que el gobierno debe defender y proteger su territorio y a su pueblo?

Dosan se enteró por sus amigos mayores que los chinos y los japoneses estaban luchando por controlar Corea. Durante siglos, los chinos habían dominado a Corea, protegiéndola y defendiéndola de fuerzas externas. Japón era una nación insular oscura. Pero después de que Japón se abrió a Occidente a mediados del siglo XIX, comenzó a crecer como una gran potencia industrial y militar. Su nueva confianza en sí mismos los impulsó a desafiar el dominio chino de Corea. Los japoneses sintieron que ellos también deberían tener derechos sobre Corea. Los chinos no iban a permitir que esto sucediera. De ahí la Guerra Chino-Japonesa (1894-1895), de la que Dosan fue testigo.

Corea, que siempre miró a China en busca de orientación y legitimidad, era en ese momento una nación débil y dependiente. Así que el rey coreano y los funcionarios de su corte decidieron sentarse al margen del conflicto.

Ser testigo de esto tuvo un efecto profundo en Dosan. Una intuición se despertó en él. ¡Una idea sobre el poder! Si eres débil, eres víctima de los poderosos. Se dio cuenta de que esto era cierto tanto para los individuos como para las naciones. Si naces en un país débil, pierdes toda ventaja.

La guerra chino-japonesa terminó con la victoria de Japón. Con su rival fuera del camino, Japón intervino en los asuntos de Corea prácticamente sin restricciones. El objetivo final del imperialismo de Japón se estaba volviendo cada vez más evidente: apoderarse de Corea y, finalmente, de China.

El rey coreano y su corte fracturada casi no hacían nada al respecto. Continuaron discutiendo sobre si debían confiar en su antigua mecenas, China, a pesar de que era una potencia en declive. Algunos se pusieron del lado de Japón. Algunos con Rusia y otros consideraron mirar hacia Occidente.[6]

Dosan estaba profundamente triste por la impotencia de Corea. Le había quitado al pueblo la voluntad de valerse por sí mismo. Esta fue una lección patética de lo que la debilidad les hace a las naciones. Esto nunca pasó desapercibido para Dosan.

De hecho, dominó su vida.[7] Para Dosan, se reducía a una cosa: Corea necesitaba construir su propia fuerza y poder. Posteriormente, Dosan vivió gran parte de su vida (1878-1938) haciendo lo que pudo para ayudar a su país a construir poder.

La construcción del Poder

¿Qué significaba poder para Dosan? Poder significaba ser tu propio dueño. Dosan razonó que, dado que las personas forman una nación, el poder de un país depende de la confianza que tenga su gente.[8]

Dosan creía que sus compatriotas eran fundamentalmente buenas personas con potencial. Simplemente, estaban detrás de China y Japón en la apertura hacia Occidente. Antes de que los coreanos pudieran fortalecerse y desarrollarse, tuvieron que cambiar sus rasgos de carácter disfuncionales y premodernos. Esas actitudes premodernas - deshonestidad, desconfianza, desunión, eludir la responsabilidad y un atraso general, entre otras - les impidieron convertirse en sus propios dueños.

Esta mentalidad y comportamientos habían sido formados durante los siglos que gobernó la monarquía con mano de hierro y normas confucianas. Dosan creía que los coreanos debían deshacerse de estos rasgos y adoptar valores modernos. Creía que el poder construido sobre una transformación espiritual permitiría a Corea convertirse en

3

una nación capaz. El poder basado en cualquier otra cosa simplemente sería una solución rápida, como una casa construida sobre arena. No duraría.

La pregunta era: ¿Cómo? ¿Cómo cambias a la gente? ¡Este es el desafío más fundamental que uno puede pensar! La respuesta de Dosan: educación. Creía que la educación produciría una transformación. Su propia educación formal era modesta, pero era un verdadero creyente de su poder.

Dosan descubre el poder de la educación

La educación formal inicial de Dosan se llevó a cabo en una academia de una aldea rural. El plan de estudios constaba únicamente de literatura clásica china. Esta fue la educación estándar en Corea. Para Dosan y cualquier otra persona educada en literatura clásica china, darse cuenta de la importancia de la educación fue una consecuencia natural. Para ser estimado en la cultura confuciana, uno tenía que convertirse en erudito. Todo joven deseaba estar entre los maestros de la literatura, lo que requería el dominio de la literatura clásica confuciana. Este valor estableció una tradición de considerar la educación como un medio de ascenso social. Al mismo tiempo, fomentó el respeto por la beca.

A finales del siglo XIX, los misioneros introdujeron la educación occidental en Corea. Esta "educación moderna" compitió con la literatura clásica china. Habiendo aprendido ya dicha literatura, Dosan decidió que quería recibir una educación moderna. Este deseo lo llevó a mudarse a la capital de Corea, Seúl, donde se inscribió en una escuela fundada y operada por un misionero estadounidense (llamada Academia Gu-se, traducida, salvación) o, a veces, Academia Miller llamada así por su director.[10] A Dosan se le enseñó la Biblia, inglés, matemáticas, geografía, historia y ciencias básicas. Mientras asistía, se convirtió en cristiano. Cuando se graduó tenía dieciocho años.

La educación moderna y la experiencia religiosa de Dosan ampliaron sus horizontes. Su experiencia lo convenció del poder de la educación. Si tuviera la capacidad, educaría a todos en Corea. Como no disponía de esos medios, decidió empezar por los jóvenes.

Dosan el Educador

Al regresar a casa desde Seúl, Dosan tomó medidas. Construyó una escuela cerca de su ciudad natal. Era una institución mixta, enseñando a niños y niñas juntos. En la sociedad confuciana de Corea con prejuicios de género, educar a las niñas era poco común, y hacerlo en un entorno educativo era algo inaudito.

Dosan se atrevió a romper la tradición poniendo en práctica su creencia en la igualdad. El nombre que le dio a su escuela se tradujo literalmente como "gradualista". El gradualismo se refiere a progresar paso a paso. El nombre reflejaba el enfoque de la vida de Dosan: no te apresures a nada sin la preparación adecuada. En cambio, establece una base sólida.

La educación encaja bien con esta filosofía. Alimenta a los jóvenes hasta la madurez paso a paso. Al final, una buena educación produce un adulto culto y responsable. En resumen, la educación moldea la mente. Es un cambio de personas.

Dosan participó activamente no solo en la educación, sino también en la política. Vio el imperialismo de Japón como una amenaza. Habló en foros públicos y reuniones, compartiendo sus puntos de vista sobre la crisis que sabía que estaba a punto de estallar. Advirtió a los coreanos que se despertaran ante la crisis y que se alinearan para una defensa adecuada. Orador elocuente y talentoso, Dosan se estaba convirtiendo en una figura nacional.

Sin embargo, estaba más preocupado por la educación que por la política. Cuanto más se involucraba en la educación, más quería saber. Este deseo lo llevó a América. Recién casados, Dosan y su esposa llegaron a San Francisco en 1902. Tenía veinticuatro años. Su objetivo era estudiar la educación moderna estadounidense.

Su estudio fue interrumpido por otra urgente necesidad. Al mismo tiempo que Dosan llegó a Estados Unidos, muchos coreanos que habían emigrado a Hawái se estaban mudando a la costa oeste, principalmente a California. Dosan se encontró en medio de sus compatriotas en apuros, todos buscaban el liderazgo en él. Él obedeció, ayudando a sus hermanos inmigrantes a conseguir trabajo, aprender inglés, ir a la iglesia y adaptarse a la vida estadounidense.[12]

Dosan organizó la Sociedad Coreana de Amistad en 1903 y la Asociación de Asistencia Mutua en 1905. Las dos organizaciones se fusionaron más tarde, formando la Asociación Nacional Coreana (KNA), una organización fraternal y política / cívica. El KNA funcionó como un gobierno sustituto para los expatriados coreanos (coreanos que vivían fuera de Corea). Publicó noticias que mantuvieron informados a los miembros sobre lo que sucedía en su país de origen, los ayudaron a conectarse entre sí y les permitieron participar en causas políticas y sociales.

Las noticias desde casa no eran buenas. Los japoneses habían convertido a Corea en un protectorado, tomando el control de sus asuntos. Esta acción fue un precursor de la toma total de Corea por parte de Japón. En el contexto de este siniestro acontecimiento, Dosan regresó a Corea después de una ausencia de cinco años.

En sus primeros tres años, Dosan llevó a cabo una agenda ambiciosa. Desempeñó un papel central en el establecimiento de la Asociación del Pueblo Nuevo (en adelante, NPA), una organización clandestina. El NPA había crecido a casi 800 miembros en 1910, cuando las autoridades japonesas lo cerraron violentamente.[13]

El NPA tenía dos objetivos. Primero era alentar a los coreanos a que se consideraran a sí mismos ya no como súbditos de su rey, sino como individuos con derecho a la participación política. El NPA esperaba que este estímulo finalmente llevara a la gente a derrocar la monarquía y reemplazarla con una forma republicana de gobierno.

El segundo objetivo del NPA era capacitar y preparar a los coreanos para defender a su país de la invasión japonesa, que parecía probable. El NPA amenazó tanto al monarca coreano en funciones como a los intereses de Japón. Por lo tanto, NPA necesitaba operar clandestinamente.

Los objetivos del NPA fueron difíciles de lograr. ¿Cómo ayudas a las personas a transformarse de sujetos pasivos a ciudadanos autónomos? El NPA se basó en el enfoque tradicional de Dosan. Educación. El propio Dosan dio el primer paso. Construyó una segunda escuela, en Pyongyang, en 1907. El cual ofrecía un programa de tres años. Se llamaba Escuela Dae Sung (que significa "grandes logros"). Siguiendo el ejemplo de Dosan, otros establecieron una serie de escuelas financiadas con fondos privados en varias regiones. Su objetivo era ayudar al NPA a educar a los coreanos y alentarlos a defender su país.

Además de la escuela, Dosan construyó varias bibliotecas y centros de publicación. Estas instituciones permitieron a cualquier coreano interesado acceder a la literatura moderna, copias impresas de nuevos artículos y otros materiales. Establecer estos fue otro de los intentos de Dosan de ampliar el alcance de la educación. Siempre consciente de las necesidades de recursos, Dosan también lanzó una empresa comercial que produciría y comercializaría productos cerámicos. Esta empresa fue para ayudar a financiar el funcionamiento del NPA.[14]

Poco después de comenzar estos proyectos, Dosan encabezó otra organización de apoyo al NPA, el Cuerpo de Jóvenes (Youth Corps). El Cuerpo de Jóvenes (en adelante, YC) abrió sus puertas en febrero de 1909. YC tenía criterios estrictos para la admisión de sus miembros, reglas organizacionales y, lo más importante, cualquiera que se uniera a YC tenía que aprender un conjunto de valores.

YC fue construido para lograr lo que Dosan originalmente se propuso hacer: reformar el carácter de las personas a través de la educación. Cuando regresó, utilizó la institución para lograr este objetivo fuera del entorno educativo formal.

Dosan y sus colaboradores de NPA presentaron YC al público como una organización cívica legítima. Las autoridades japonesas lo aceptaron al principio, a pesar de que era el brazo de extensión de NPA. A diferencia de las escuelas, YC llegó a un público más amplio y fue flexible en sus metodologías. Los líderes podían elegir entre una variedad de enfoques de instrucción, como discusiones de grupo, series de conferencias, sesiones de preguntas y respuestas y retiros utilizando el formato que mejor se adaptara a una situación determinada. En comparación con una escuela formal, YC proporcionaba un entorno en el que podía tener lugar el autoaprendizaje; los miembros socializaban, se conectaban en red y se vinculaban con compañeros y colegas de ideas afines. En consecuencia, el espíritu de compañerismo se fortaleció entre los miembros de YC.

Sin embargo, YC y NPA fueron de corta duración. En solo unos pocos años, las autoridades japonesas descubrieron la verdadera identidad de NPA y su conexión con el YC. Peor aún, en 1910, la temida invasión japonesa de Corea se había convertido en una realidad. Corea fue borrada del mapa. Bajo el dominio japonés, el NPA y todas las demás organizaciones cívicas nacionalistas fueron cerradas. Los líderes fueron encerrados. Desanimado y decepcionado, Dosan regresó a los Estados Unidos en 1911.

Apertura del YKA

Aunque decepcionado, el espíritu de Dosan se mantuvo fuerte. Más que nunca, estaba decidido a transformar Corea. Las consecuencias de mantener el status quo fueron nefastas. Significaba perder el país. ¿Qué podría ser peor? Dosan sintió que, si Corea podía deshacerse del dominio japonés, debía fortalecerse y ser capaz de mantener su independencia. Con este fin, se propuso preparar a los exiliados coreanos para un movimiento de independencia. Podía acceder a estas personas sin la interferencia japonesa.

Al construir su nueva organización, Dosan no tuvo que ir muy lejos. Su ahora desaparecido Youth Corps (YC), le ofreció un modelo, decidió adecuar su nueva organización, agregando algunas características e ideas nuevas. La nombró Young Korean Academy (YKA). Dosan enriqueció a YKA con objetivos y valores más específicos.

Para comenzar oficialmente YKA, Dosan obtuvo el respaldo de ocho personas que representaban a las ocho provincias de Corea. Su aprobación mostró que YKA contaba con el apoyo de todas las regiones. Por tanto, la Academia podría presumir de ser una organización de toda la nación.

Inmediatamente después, la primera generación de veinticinco futuros estudiantes presentó su solicitud. La ceremonia de inducción se llevó a cabo en San Francisco el 13 de mayo de 1913. Esta es la fecha en que YKA debutó oficialmente. Para señalar el debut de YKA en una perspectiva comparativa, veinticinco años después de que Dosan estableciera YKA, un ministro cristiano estadounidense, Frank Buchman, fundó el movimiento de rearme moral conocido popularmente como MRA en los EE. UU. Y Gran Bretaña en 1938. MRA se propuso cambiar la naturaleza humana para evitar los impulsos (inmediatamente después del comienzo de la Segunda Guerra Mundial) y establecer la paz restaurando "la honestidad, la pureza, el altruismo y el amor".

MRA ha tenido un gran atractivo en todos los países importantes, incluido el Lejano Oriente, y ha contribuido mucho a la fundación de las Naciones Unidas.[15]

Resumen

En resumen, YKA fue producto de los conocimientos de Dosan. La idea: su país necesitaba construir poder. Dosan tomó el poder de la construcción para deshacerse de las formas tradicionales de pensar de los coreanos, y asumir nuevos valores. Entonces, esto puede desarrollar una mentalidad adecuada para la era moderna. La segunda idea fue la creencia de Dosan en la educación. Para él, la educación formal no era tan importante como el autoaprendizaje. Creía que tanto los jóvenes como los adultos necesitaban un vehículo a través del cual pudieran cultivarse, educarse y re-educarse.

YKA era ese vehículo. Proporcionó el espacio, el entorno y la organización en los que las personas podrían capacitarse para encarnar los valores y principios de la YKA. Los miembros de YKA podrían transformar su temple interior y nuevamente sus habilidades de liderazgo. En adelante, podrían proporcionar liderazgo en los ámbitos de la vida que elijan; de hecho, se esperaba que proporcionaran liderazgo y marcaran la diferencia en sus comunidades.

Antes de examinar los principios y supuestos sobre los que se construyó YKA, revisemos lo que ha leído y aprendido hasta ahora

---

-Cómo el joven Dosan se dio cuenta del impacto de la impotencia.

- Cómo la necesidad de ayudarse a sí mismo y a otros a construir poder se convirtió en el objetivo de su vida.

-Para Dosan, poder no significaba dinero o fuerza, sino desarrollar, a través de la transformación moral y espiritual, la capacidad de uno para ser auto determinado.

- La educación es el mejor vehículo para lograr la transformación.

- la experimentación de Dosan con la educación; construyó escuelas, organizaciones políticas, un cuerpo juvenil y, finalmente, el Young Korean Academy.

Preguntas

████ ██ ██ ████ █

Expande tu comprensión del Dosan al
reflexionar sobre estas preguntas:

-¿Hay personajes similares a Dosan en otros países? ¿Mahatma Gandhi? ¿Nelson Mandela? Martin Luther King Jr.? ¿Woodrow Wilson? ¿En quién puedes pensar?

-¿Crees que reformar el carácter de uno realmente puede conducir a aumentar el poder de una nación?

-¿Crees en el poder de la educación como lo hizo Dosan?

-Aprende más y discuta la Guerra Sino-Japonesa (1894-195) y la historia de Corea de principios del siglo XX.

-¿Es YKA similar al Movimiento de Armamento Moral, dado que Dosan fundó YKA en 1913?

Principios fundadores del YKA

Los principios y creencias descritos en este capítulo son los componentes básicos que sustentan la YKA. Dosan transmitió estos conceptos y condiciones por lo que "hay que creerlos". Se relacionan con cómo el YKA cambian las opiniones, cómo el YKA cultiva el cambio en las personas y el valor que el YKA otorga a la sociedad civil. Incluyen las ideas de que la unidad y la solidaridad preceden a todo y que la fraternidad y la camaradería son esenciales para una fortaleza social duradera.

Acerca del cambio

Cuando se cambia la forma en que se miran las cosas, las cosas que miran a menudo cambian. (Harvey Mackay, Manteniendo su vida en perspectiva. Fresno Bee, 4 de julio de 2016).

La primera creencia es que el cambio de perspectivas y valores produce la transformación en el carácter.

El tipo de cambio que promueve YKA no es físico ni natural; es un cambio de corazón. Considere este ejemplo. Cuando eras pequeño, es posible que no te agradara la chica que vivía en la puerta de al lado porque es hogareña. A medida que te hiciste mayor, te empezó a gustar y, finalmente, te enamoraste. Su apariencia no importaba. Te gustó su mente y su carácter. Ella no cambió; la forma en que la mirabas cambió. Este es el tipo de cambio que YKA toma en serio. Si adoptas nuevos valores y perspectivas, cambia la forma en que ves las cosas. Si continúas manteniendo esos nuevos valores y perspectivas, el cambio se convierte en parte de quién eres tu.

Si hoy es el mismo que cuando se registró con YKA, entonces YKA no ha hecho su trabajo. O mejor dicho, no has hecho tu parte porque YKA está estructurado para el autoaprendizaje. Dosan diría que no te has esforzado lo suficiente. El hecho de que usted participe en su transformación conduce a la siguiente suposición de YKA: el cambio real llega a través del autoaprendizaje.

Auto-aprendizaje colaborativo

El autoaprendizaje no es una búsqueda solitaria.
(Incluye) la participación de muchas corrientes de vida.
(Tu Wei-Ming, Camino, aprendizaje y política, Ensayo
sobre el intelectual confuciano, 1933, p. 38)

El segundo principio es que el camino más eficaz para la transformación del carácter es cultivar los puntos de vista, los valores y los comportamientos de uno en compañía de otros; en otras palabras, la transformación del carácter se produce mediante el autoaprendizaje colaborativo.

Dosan creía que la mejor manera de lograr un cambio interior es a través del aprendizaje. Sin imposición. Sin adoctrinamiento. Sin embargo, advirtió que un individuo no puede educarse a sí mismo. Recomendó que se llevara a cabo en un entorno de grupo interactivo. El auto aprendizaje colaborativo significa ayudarse unos a otros en el proceso, fortaleciendo así las alianzas y el compañerismo.

En la práctica, el autoaprendizaje colaborativo a menudo toma la forma de discusiones grupales y / o seminarios. Al reunirse en una mesa redonda o en un retiro, los participantes pueden compartir sus ideas sobre un tema determinado. Los individuos aprenden participando en la discusión. Gran parte del aprendizaje toma la forma de autorrealización. Y cada participante se hace cargo de su propio aprendizaje.

Sin embargo, para que Dosan inventara este modelo de aprendizaje colaborativo y lo recomendara a YKA, fue muy difícil. En su época, el método aceptado de enseñanza era la conferencia (de maestro a alumno) y el método común de aprendizaje (tomar y copiar notas y repetir la información). Este modelo educativo pasivo era consistente con la cultura autoritaria y el sistema político de la mayoría de los países asiáticos de la época.

Dosan eligió un modelo de colaboración favorable a la democracia por dos razones. En primer lugar, quería proporcionar un entorno en el que los miembros del YKA pudieran saborear una sociedad abierta, aunque el clima social de la época no fomentara el pensamiento democrático. Después de todo, todo el propósito de la organización YKA de Dosan era producir líderes aptos para la libertad y la democracia, que esperaba que eventualmente vieran.

La segunda razón fue la coherencia. Si su objetivo es lograr la libertad y la democracia, los medios que utilice para lograrlo deben ser libres y democráticos. El autoaprendizaje colaborativo cumplía esta condición. Esto lleva a la siguiente suposición. La fe de Dosan en la sociedad civil.

El valor de la sociedad civil

El Congreso no promulgará ninguna ley... que restrinja la libertad de expresión o de prensa; o el derecho del pueblo a reunirse pacíficamente. (De la Primera Enmienda a la Constitución de EE. UU., 1789).[3]

La tercera creencia es que la sociedad civil, la participación voluntaria de los ciudadanos en la vida pública, es de gran valor. La sociedad civil es donde los ciudadanos crean y participan en una variedad de organizaciones gubernamentales sustantivas. YKA es una de esas organizaciones. La sociedad civil sólo es posible con leyes que garantizan la libertad de la gente para hablar, pensar y organizarse.

En lo que respecta a la sociedad civil, YKA tiene dos objetivos. Uno es su compromiso de apoyar el gobierno democrático. El otro es su compromiso de promover la democracia donde está ausente y luchar por mantener la democracia cuando se ve amenazada.

Debido a que YKA es una organización no gubernamental, practica el no partidismo. El único interés político de YKA es salvaguardar la democracia; no está interesado ni representa a ninguna facción partidista del gobierno. Este principio se aplica a YKA como organización; Los miembros de YKA como individuos pueden participar en cualquier causa social o política que elijan.

Sagrada Unidad y Solidaridad

Umes pro Omnibus, Omnes pro Uno (en latín), Uno para todos, Todos para uno. (Lema de Suiza)[4]

El cuarto principio es que la unidad y la solidaridad producen fuerza. YKA se basa en el conocido dicho "unidos perpetuaremos, divididos caemos". Es cierto que la diversidad es una marca de democracia, pero si las personas diversas no se unen, no pueden lograr nada. Esto no significa que debamos marchar al unísono. Significa que trabajamos juntos para resolver nuestros problemas.

Dosan dijo lo siguiente sobre la democracia y la unidad: "Que la opinión pública emerja del mercado de las ideas". Determinar a partir de la opinión pública qué hacer y cómo hacer, es una forma democrática de tomar decisiones.[5]

Lo que Dosan quiso decir aquí es: discutir los problemas y dejar que todos expresen sus diferentes puntos de vista y opiniones durante la deliberación. Pero una vez que se toma una decisión, todos se unen en torno al objetivo común. Ésta es la regla básica de la democracia.

Dosan descubrió que sus colegas no cumplieron con esta regla básica. Cuando perdieron en el debate o la votación, se retiraron y formaron una facción separada. Si romper un pacto servía a sus intereses, rompían con la mayoría y actuaban a traición. Estas experiencias fueron tan amargas que Dosan prometió convertir prácticamente en un mandato que los coreanos se unan y se mantengan unidos. Si estamos divididos, advirtió, no lograremos nada. La unidad y la solidaridad eran tan críticas que Dosan las llamó "sagradas".

Por sagrado, Dosan quería decir que la unidad es una cuestión tanto de fe como de razón. Tómelo como un artículo de fe que debe unirse. Ejercita la razón, pero no permitas que tu razón dañe la unidad y la solidaridad. Para reforzar este credo de "debe unirse", Dosan presentó su último "debe hacer" a YKA. El principio final es fomentar la fraternidad y el compañerismo.

Fraternidad y camaradería

Libertad, igualdad y fraternidad. (Lema de la Revolución Francesa, 1789)[6]

Quinto principio: la fraternidad y la camaradería son necesarias para mantener la unidad y la solidaridad. Dosan planteó la fraternidad y la camaradería como otro "debe suceder". Explicó que la unidad y la solidaridad no durarán mucho sin la devoción mutua.

Dosan deseaba fusionar la unidad del corazón con la razón. Creía que la única base sólida para las relaciones humanas incluía tanto la razón como la pasión. El corazón y la razón fusionados crean una fuerza formidable. Así es como las cohortes de la YKA deben relacionarse entre sí, en una fraternidad de corazón y razón. Sobre esta base, prosperarán tanto en su lógica como en sus pasiones.

CAPÍTULO II

Resumen

*Ahora, para resumir los puntos principales
cubiertos en este capítulo:*

-Cinco pilares forman la estructura YKA

-En primer lugar, el cambio real requiere cambiar el corazón.

-En segundo lugar, el cambio de corazón se lleva a cabo mediante el autoaprendizaje colaborativo.

-En tercer lugar, la democracia que garantiza las libertades civiles permite que la sociedad civil prospere; esto hace posible YKA.

-En cuarto lugar, la unidad y la solidaridad son "imprescindibles" para lograr cualquier cosa.

-En quinto lugar, la razón debe equilibrarse con los lazos humanos de amistad y camaradería.

Preguntas

-¿Qué tan difícil es cambiar los valores y las perspectivas de una persona?

¿En qué se diferencia esto de la noción cristiana de "nacer de nuevo"?

-¿Cuál es el enfoque más eficaz para el aprendizaje-conferencia o discusión?

Los educadores coinciden en que la discusión es más eficaz. ¿Por qué?

-¿Qué significa para ti el gobierno de la mayoría? ¿Cuál es el consentimiento de los gobernados?

- Razón contra corazón o lógica contra emoción. ¿Por qué necesitamos tanto la razón como el corazón?

Imagina YKA como una casa. Los cinco principios y creencias que hemos cubierto son los pilares que sostienen la casa. Imagina que dejamos entrar a la gente a la casa. Vienen a recibir disciplina y entrenamiento. YKA ofrece dos tipos de disciplina, una que tiene que ver con la reforma del yo interior y la otra con la conformación del comportamiento. Los dos capítulos siguientes describen los dos conjuntos relacionados de formación de valor que proporciona YKA.

Los Valores del YKA

Respetarás a tu padre ya tu madre... No matarás.
No cometerás adulterio. No robarás (De los Diez
Mandamientos de la Biblia, Éxodo, 20: 13-16).

Fuiste educado para observar ciertos valores. Por ejemplo, compartir con amigos, ayudar a los discapacitados y ser honesto. Asimismo, se espera que cualquier persona que se una al YKA adopte los valores de la organización. Dosan ordenó que los miembros del YKA hagan parte de su carácter los siguientes valores y morales: sinceridad, fidelidad, honestidad, integridad, amor y hacer coincidir las palabras con las acciones. Estas son las reglas de oro de YKA.

Sinceridad y fidelidad

Necesitamos libertad de para poder lograr la libertad de. (Giovanni Sartori, Teoría democrática, Frederick A. Praeger, 1965, 286)

Para entender por qué Dosan exigió que sus miembros fueran sinceros y fieles, mire algunas citas de sus discursos. Estos arrojan luz sobre su propósito y motivación.

¿Por qué te quejas todo el tiempo? ¿Por qué no haces algo al respecto?

Otra cita de Dosan:

Te quejas de que no tenemos líderes. ¿Por qué no te conviertes en líder?

¿Hay alguna razón por la que un líder tenga que ser otra persona?[2]

Las citas muestran que Dosan detestaba su propia cultura. El gobierno autoritario produjo dos clases de personas. Los algo poderosos y los completamente impotentes. Los funcionarios y los literatos confucianos tenían cierta libertad, aunque limitada. El resto de la gente se vio obligada a ser pasiva. Para las personas comunes, no estaba permitido intentar hacer algo relacionado con los asuntos públicos. Las masas tuvieron que contentarse con simplemente sobrevivir. Las personas a las que se dirigía Dosan eran producto de este sistema autoritario.[3]

Pero ellas eran exactamente a quienes pretendía ayudar. Quería cambiarlos cambiando la cultura de la que provenían. Exigió que su gente reclamara una nueva identidad.

Si uno está seguro de sí mismo, puede creer en su valor. La autoestima produce confianza. Si tienes autoestima, te valoras demasiado para ser algo más que sincero y fiel. Tu sinceridad y fidelidad estimulan la autoestima en los demás. Con el tiempo, se crea una sociedad en la que todos se respetan unos a otros y, por lo tanto, actúan de manera confiable. Todos disfrutan de libertad e independencia.

Honestidad e integridad

La honestidad y la integridad se refieren a dos rasgos de carácter diferentes. La honestidad tiene que ver con la acción; O mintió o no lo hizo. La integridad es una cuestión de calidad. Una persona confiable, veraz, sincera y fiel, es una persona íntegra.

La honestidad contribuye a la integridad general de uno. La razón por la que Dosan destacó la honestidad con especial énfasis tiene que ver con su agenda política. La gente no se tomaba en serio la honestidad. Tenían pocos incentivos para ser honestos. Si alguien se salía con la suya con fraude o trampa, se lo consideraba inteligente. Si tuvo éxito a través de la deshonestidad, la gente tendía a perdonar sus actos fraudulentos, considerando en cambio su éxito.

Cuando todos piensan de esta manera y actúan en consecuencia, la ley de Gresham está en funcionamiento: lo malo expulsa a lo bueno. Terminas destruyendo la honestidad. Dosan sintió que Corea había llegado a esta etapa.

Al insistir continuamente en la necesidad de la honestidad, Dosan recalcó el mensaje de que lo que había abaratado la honestidad eran las condiciones sociales corruptas. Esperaba que esto los llevara a crear nuevas condiciones sociales. Dosan sabía que estas cualidades eran esenciales para el funcionamiento de una democracia.

Para Dosan, también existía una dimensión moral en exigir sus valores. Al igual que en el caso de la unidad y la solidaridad, Dosan deseaba inculcar la fe en que la verdad y la justicia finalmente prevalecerían, incluso si perseguirlas pudiera resultar inconveniente. Sintió que la deshonestidad era moralmente reprobable.

Ama a tus vecinos como a ti mismo

Cuando mientes y haces trampa de forma rutinaria, formas una comunidad egoísta y sin amor. En un discurso ante una congregación coreana en una iglesia en Shanghai, China, en 1919, Dosan lamentó esta condición en Corea:

Vivimos en una sociedad fría, egoísta y sin amor. Cultivemos y difundamos el amor y la compasión.

24

La inspiración de Dosan para prescribir el amor como una de las reglas de oro de KNA puede haber venido de sus antecedentes religiosos. Dosan era cristiano. Esta cita del mismo discurso a la congregación coreana en Shanghai en 1919 es bastante reveladora:

Cuando leemos desde Génesis hasta Apocalipsis, el cristianismo se reduce a una cosa: el amor.

Cuando Dosan vio a su comunidad de Corea desde una perspectiva cristiana, vio que su gente vivía en una sociedad sorprendentemente sin amor. Se sintió obligado a llamar la atención sobre este hecho.

Dosan también fue humanista. Tenía fuertes creencias en la igualdad y la humanidad. Demostró estas creencias en su esfuerzo por construir una comunidad modelo para los exiliados coreanos en China en sus últimos años. Su visión era crear una sociedad solidaria, donde todos compartieran sus recursos y ampliaran su buena voluntad.

Desde su perspectiva política, Dosan creía que una sociedad amorosa era una forma de poder. El amor produce unión, una cualidad esencial para que una nación prospere.

¿Cómo se puede amar? La respuesta de Dosan fue a través del amor propio. Dosan no era un psicólogo entrenado, pero conocía la mente humana. Sabía que las personas capaces de amar a los demás eran las que se amaban a sí mismas primero. Si te odias a ti mismo, no puedes amar a los demás. De ahí su primera orden: Ámate a ti mismo.

¿Qué pasa si uno no puede extender su amor? Dosan habría dicho, no te preocupes. Uno puede cambiar. Practica amar. Serás amado a cambio. El amor se puede aprender y enseñar.

El objetivo de YKA no es producir un teórico de sillón. El objetivo de YKA es producir personas reflexivas. Dosan deploró mucho hablar sin acción, un hábito desenfrenado entre los coreanos.

El desdén de Dosan proviene de la cultura coreana. La cultura confuciana valora a los hombres de letras que se destacan filosofando y discutiendo. El confucianismo no asigna tanto valor a las personas que son trabajadoras, como carpinteros, ingenieros, dibujantes y obreros. La cultura confuciana pasó por alto la inconsistencia entre el habla y la acción. Esta fue una falla importante que frenó el progreso de Corea, el motivo de la advertencia de Dosan: estar orientado a la acción.

Resumen

*Ahora, para resumir los puntos principales
cubiertos en este capítulo:*

-Detrás del impulso de Dosan de ser sincero y fiel había una crítica de la cultura coreana, en la que la autoestima de la gente común era poca.

- La honestidad y la integridad son la base de la agenda política y moral de Dosan.

-Al instar al amor, Dosan emerge como cristiano, humanista y reformador político.

-El énfasis de Dosan en hacer coincidir las palabras con la acción es un avance cultural destinado a llevar a Corea a una cultura que respeta y valora a los trabajadores.

CAPÍTULO III

Preguntas

■■ ■■ ■■ ■■

Considere las preguntas a continuación para ayudarlo a repensar
y volver a apreciar las máximas y reglas de oro de YKA

-Para abrazar los valores y la moral presentados aquí, uno tiene que estar seguro de sí mismo. Tienes que valorarte a ti mismo. ¿Qué tan cierto es esto? ¿De dónde viene el amor propio?

-¿Por qué vemos a algunos salirse con la suya con el fraude y hacer trampa con solo una palmada en la muñeca, mientras que otros están encarcelados?

-¿Se puede enseñar y aprender el amor? ¿Puede la práctica ayudarte a mejorar tus conductas amorosas? ¿Cómo practicas la clase de amor que te enseñaron en tu escuela dominical?

-¿Qué hay en las raíces del confucianismo que descuida el valor del trabajador?[4]

Piense de nuevo en la imagen de YKA como una casa. Los cinco principios y creencias son los pilares y la base. Dejamos entrar a las personas. Una vez que están dentro, se esfuerzan por limpiar sus viejos hábitos. En su lugar, plantan las cinco reglas de oro de la YKA. Así se transforman. Para ayudar a esta transformación, Dosan presentó tres rasgos de comportamiento que consideró "imprescindibles" para los miembros de la YKA.

Tres rasgos de comportamiento que debes cultivar

Los tres rasgos de comportamiento imprescindibles para los miembros de YKA son la lealtad, la justicia y el coraje.

Lealtad

> Poner sobre todo la lealtad a la familia, la región o la tribu, se requiere un amplio radio de confianza. (Francis Fukuyama, Orden político y decadencia política, 2014, 207)[1]

Imagínese oír a alguien hablar mal de sus padres. Te molesta. Defiendes a tus padres. O imagina que estás contratando a un candidato para un puesto. De los dos finalistas, uno es tu querido viejo amigo y el otro es un extraño. Tú eliges a tu amigo. El extraño descubre que a su rival le dieron el trabajo debido a su conexión contigo. Está muy descontento y se queja de que la gente se ocupa de los suyos.

Estos dos ejemplos ilustran la lealtad.

Esto es lo que los sociólogos llaman lealtad a la comunidad. Lealtad a su familia y conexiones sociales.[2]

Dosan no tuvo problemas para encontrar este tipo de lealtad orientada a la comunidad entre sus compañeros coreanos. Lo que encontró que le faltaba era lealtad a la sociedad. La lealtad a la sociedad requiere la capacidad de identificarse con objetos más allá de las relaciones primarias de uno. Esto significa saber pensar de forma abstracta. La lealtad a la sociedad también requiere aprender a trabajar con perfectos desconocidos.

En sus actividades políticas, Dosan fue testigo de cómo los coreanos confundían las relaciones primarias con la lealtad secundaria. Su lealtad a la familia y los amigos superó el apoyo a los valores públicos. Dosan determinó que, si sus compatriotas continuaban descuidando la lealtad a la sociedad, su sueño de que Corea de llegar a la democracia era descabellado, la democracia exige que los ciudadanos distingan el interés privado del interés público, lo personal de lo impersonal. En resumen, deben pensar y actuar de forma racional y objetiva por el bien de todos.

Dosan pidió a sus compañeros coreanos que desarrollen lealtad a la sociedad. Creía que el YKA debería liderar este esfuerzo.

Justicia

"Una nación bajo Dios, indivisible, con libertad y justicia para todos" (Juramento de lealtad, a los EUA.).

Tenemos que mirar la justicia desde la perspectiva de Dosan. Recuerde su creación de la Asociación de Personas Nuevas (NPA), uno de sus objetivos era ayudar a los coreanos a adquirir una nueva identidad al pensar en sí mismos no como súbditos del Rey, sino como ciudadanos de Corea. Para ayudarlos a hacer esta transición, Dosan destacó la importancia de la justicia.

Para ayudar a las personas sumergidas durante tanto tiempo en el autoritarismo, Dosan tuvo que proporcionarles un punto de partida, una idea de lo que era la democracia. Los valores fundamentales de la democracia, específicamente la libertad, la justicia y la igualdad, fueron buenos conceptos iniciales.

De estos, Dosan destacó la justicia porque está en el corazón de la democracia. La única justicia que los coreanos podían esperar era lo que dictaran el rey y sus funcionarios. La agenda de Dosan era cambiar las expectativas de la gente. Instó a los coreanos a deshacerse de su actitud pasiva y reemplazarla por una actitud proactiva. Como ciudadanos, exijamos justicia. Si lo que se entrega no es lo que ellos creen que es justo, apelar la decisión, exigir reconsideración. Los ciudadanos deben ejercer su derecho a influir en el proceso de formulación de políticas a favor de su sentido de la justicia.

Dosan tenía otra agenda. Quería enseñarle a la gente el significado de la justicia. Creía que la justicia, como la verdad, finalmente prevalece. Por lo tanto, ayudó a las personas a valorar y respetar la justicia. Les mostró que todos tienen derecho a la justicia.

Coraje

En una parte frecuentemente citada de su discurso inaugural de 1932, el 32° presidente de los Estados Unidos, Franklin Delano Roosevelt, dijo: "Lo único que tenemos que temer es el miedo mismo".

Dosan descubrió que sus compatriotas coreanos estaban llenos de miedos.

Sus miedos tenían muchas fuentes. La superstición y el chamanismo prosperaron con el miedo de la gente a la incertidumbre. También lo hizo el miedo a romper las consagradas reglas de los ritos y rituales confucianos. El gobierno opresivo alimentó los temores. Los recaudadores de impuestos acosaron a los agricultores y se les impuso un duro castigo por infracciones menores de las reglas gubernamentales.

Dosan desafió a sus compatriotas coreanos a tomar valor. Él sabía lo que estaba haciendo. Al llamar a la valentía, transmitió un mensaje de dos vertientes: puedes vivir libre y puedes impactar tu mundo.

YKA en sí es sinónimo de coraje. Unirse a YKA, una causa revolucionaria, requiere coraje, al igual que pasar por su entrenamiento y disciplina. Esto solo lo convencerá de cuán justos y veraces son los objetivos de la YKA. Una vez que esté convencido, se habrá deshecho de su miedo a actuar de acuerdo con los valores y objetivos.

Despojado del miedo, ahora tiene coraje, coraje para marcar la diferencia. No tienes miedo de decirle la verdad al poder.[3] No tendrás miedo de enfrentarte a la autoridad. Este coraje es la misma fuerza que impulsa a una madre frágil a proteger a su hijo del peligro. Tienes compromiso y compasión que te obligan a hacer lo que debes hacer.

Resumen

*Ahora, para resumir los puntos principales
cubiertos en este capítulo:*

-La lealtad es una característica importante del cambio de comportamiento de YKA.

-La justicia está en el centro de la revolución política de Dosan.

-El mensaje de valentía de Dosan tenía como objetivo librar a las personas de sus miedos y empoderarlas para que tuvieran un impacto social.

Preguntas

-Si tuvieras que elegir dónde depositar tu lealtad, ¿cuál sería tu elección y por qué?

-¿Por qué la autoestima debe ser lo primero, antes de poder ser sincero, fiel y leal?

-La confianza, el cuidado del prójimo, el amor y el voluntariado forman el capital social.

-El coraje es igual a la ausencia de miedo. Si tienes miedo, ¿cómo te librarás de él?

Recuerda la casa YKA, sustentada en sus cinco pilares, donde los seguidores de YKA van a transformarse. Dosan identificó tres áreas donde sus rasgos de carácter y comportamientos reformados deberían mostrar: virtud, mente y cuerpo. Analicemos cada una de estas áreas.

Tres resultados esperados

■■ ■ ■ ■■ ■

Si el desarrollo de los valores de un individuo a través de su educación puede verse como un insumo, sus acciones y toma de decisiones pueden considerarse el resultado. (J. Michael Martinez, Ética de la Administración Pública, 2009, 113)[1]

Los resultados que YKA espera de sus miembros son virtud, una mente sana y un cuerpo sano.

Virtud

Virtud es un término inclusivo. Se refiere a las cualidades generales de excelencia en conducta y comportamiento. Si eres virtuoso, tu conducta es tan excelente que los demás te imitan. La virtud proviene de una variedad de fuentes: la crianza, la educación, la formación religiosa y el trasfondo cultural.

Considere al individuo que ha pasado por el proceso de autoaprendizaje. Los cinco principios fundamentales, las cuatro premisas de valores de la YKA y las tres normas de comportamiento se han mezclado y se han integrado en su comportamiento. Como resultado, su yo interior ha sido remodelado para lo mejor.

Seamos más descriptivos. Te inscribes en el YKA. Pasas por una transformación en un entorno colaborativo y de autoaprendizaje. La confianza mutua, la amistad y la camaradería gobiernan la vida de YKA.

Sin embargo, sabes que no estás en una cómoda casa club, separada del mundo real. No eres complaciente. Está obligado a un ideal de justicia y democracia para la comunidad en general. Tu lealtad te obliga a salir al mundo y marcar la diferencia. Crees en los ideales y valores de la YKA y, por lo tanto, no tiene miedo de actuar de acuerdo con ellos. Sin embargo, no eres una élite engreída. Tu amor por tu país te convierte en un activista social con los pies en la tierra. Trabajas para la gente.

Muestras esto en tu hablar, acciones y comportamiento. Has crecido en virtud. De hecho, eres sal y luz para tu pueblo, tu país y la humanidad. Esto es lo que Dosan quiso decir cuando identificó la virtud como un área en la que esperaba que se mostraran los resultados del YKA.

Mente

La mente tiene cualidades tanto estáticas como dinámicas. Sus cualidades estáticas son atributos fijos: valores, fe, gustos y disgustos. Las cualidades dinámicas de la mente son pensamientos y perspectivas que interactúan con el entorno. El comportamiento y las acciones expresivas son resultados de la mente dinámica. Gran parte de las acciones que Dosan deseaba ver fue de naturaleza dinámica. Dosan esperaba que la mente produjera acciones y comportamientos específicos. Identificó diez resultados esperados de la mente entrenada por el YKA.

1. Adquisición de conocimientos y habilidades. Vuélvete bueno en al menos un campo en el que puedas ganarte la vida. Se fiel a tu causa social, tu trabajo y tu familia.

2. Escuchar. Conviértete en un buen oyente. Cultiva el hábito de la discusión. Habla y escucha; la discusión es una calle de dos sentidos.

3. Aprendizaje permanente. Dosan dijo que lo más emocionante de la vida es conocer gente nueva. También dijo que leer un libro por primea vez no es diferente. Conocer nueva gente y leer material nuevo son formas para mantener tu mente activa y desafiada.

4. Equilibrio entre corazón y razón. Se racional, analítico y consciente de los hechos. Recopila datos para ver cuáles son los hechos y luego toma una decisión. Se cálido y compasivo también. Cuando equilibramos el corazón y la razón, somos verdaderamente humanos.

5. Practicidad. No te empantanes en discusiones largas e interminables. Concéntrate en lo que la realidad permite, en lugar de perseguir inalcanzables metas.

6. Compromiso. Comprometerse no es perder. Es el arte de encontrar puntos en común. La terquedad no es una señal de coraje o sabiduría.

7. Mente pública. Aprenda a controlar su propio interés. Recuerda, el interés público beneficia a todos. También es beneficiario de interés público.

8. Equilibrio entre perspectivas a corto y largo plazo. Piensa en el impacto a futuro de lo que estás haciendo. Esto te mantendrá con la mente abierta y preparado para lo que venga.

9. Buenos medios y buenos fines: No permitas que los buenos fines justifiquen los medios injustos e inmorales. Al mismo tiempo, no pierdas de vista la importancia de los medios. Tómalo en cuenta cuando establezcas tus metas.

10. Cara feliz. Sonríe: Dosan se quejó de que los coreanos tienen el rostro sombrío. Practica sonreír. El hábito de sonreír crecerá en ti. Dosan aconsejó a las personas que disfruten de la naturaleza y de la música porque inspiran felicidad.

Cuerpo

YKA enfatiza el cuidado del cuerpo. Cuerpo sano, mente sana. Si pierdes tu salud, pierde mucho más. YKA fomenta los campamentos en grupo, las caminatas, las excursiones, los retiros, así como el mantenimiento de un régimen de salud física.

Los leales a la YKA solían tomar baños o duchas frías. También solían hacer ejercicios para mantenerse en forma. El enfoque actual del YKA para un cuerpo sano es enfatizar el cuidado corporal impulsado por un propósito en lugar de centrarse únicamente en la aptitud física.

Resumen

Resumamos el Capítulo V, las áreas de resultados esperados:

-La virtud encarna el objetivo final del YKA: la producción de personas responsables, sinceras, honestas, prácticas y orientadas a la acción. Las personas virtuosas son socialmente conscientes y actúan con valentía.

- La mentalidad del YKA requiere que los miembros sean profesionales, racionales, socialmente responsables, versátiles y cálidos. Son hombres y mujeres aptos para la vida moderna y la democracia.

- Cuerpo sano, mente sana. Nutre tu mente, pero no descuides tu cuerpo.

CAPÍTULO V

Preguntas

Para enriquecer su comprensión, considere estas preguntas:

-¿Cree que las exigencias que YKA ordena a sus miembros son imposibles?

- ¿Qué puede explicar el hecho de que YKA existe desde hace más de un siglo?

-¿Es la virtud un producto social?

- Piense en cuerpo y mente. ¿Cuánto depende nuestra mente de nuestro cuerpo?[2]

Dosan y el YKA son inseparables. El primer capítulo describió sus antecedentes y su vida. Dosan murió en 1938. Vivió veinticinco años más después de fundar YKA. La forma en que vivió sus años posteriores a la YKA proporciona tanta información como sus años anteriores a la YKA. El Capítulo VI continúa en el punto donde el Capítulo I termina de reseñar la biografía de Dosan

La vida de Dosan después del YKA

Después de que Dosan estableció YKA, pasó seis años en los Estados Unidos. Este fue el primer período prolongado de tiempo que pasó con su familia y colegas en Estados Unidos. Al final de los seis años, en 1919, dejó Estados Unidos para liderar su movimiento de independencia de Corea y promover la YKA en los centros de población coreanos fuera de Estados Unidos. Dosan dedicó las dos últimas décadas de su vida a la consecución de estos dos objetivos.

Esfuerzo de expansión del YKA

En su esfuerzo por expandir el movimiento YKA a nuevas áreas, Dosan tuvo un éxito considerable. En los Estados Unidos, el movimiento que comenzó en San Francisco se extendió a Los Ángeles y fue el ancla de la comunidad coreana del sur de California. Luego, YKA se dirigió a las comunidades agrícolas coreanas del centro de California con sede en Dinuba, y desde allí, el Este hasta Nueva York y Filadelfia. Dosan incluso presentó a YKA a la considerable comunidad de inmigrantes coreanos en la península de Yucatán en México y Honolulu, Hawái.[1]

YKA floreció en la región del Lejano Oriente de Asia, donde el mismo Dosan residió durante las dos últimas décadas de su vida. Dosan fundó sucursales entre los exiliados coreanos en el norte de

Manchuria y en Vladivostok, Rusia. La sucursal de Asia oriental más activa estaba en Shanghái, China.

Había dos organizaciones YKA sustitutas en Corea: la Sociedad para el Autoaprendizaje y la Orden Fraternal. La vigilancia japonesa les impidió funcionar abiertamente. No obstante, sus fuertes conexiones con Dosan subrayaron cuán profunda llegó la influencia de YKA.

Movimiento de Independencia de Corea

Dosan fue vital en el establecimiento del Gobierno Provisional de Corea (KPG), la sede del movimiento de independencia de Corea. Dosan jugó un papel importante en la redacción e implementación de la constitución fundacional de KPG. También fue responsable de financiar gran parte de su costo inicial. Dosan no era rico personalmente, pero las comunidades coreanas de América del Norte le confiaron sus fondos.

Entre los activistas del KPG, surgieron tres enfoques contrapuestos sobre cómo lograr la independencia de Corea. Un enfoque fue la diplomacia, observar cómo se desarrollaba la contienda entre las principales potencias y aprovechar cualquier oportunidad que se presentara. Un segundo enfoque fue militar, luchando contra los ocupantes japoneses en los campos de batalla. El tercer enfoque fue la reforma personal y cultural, que ayudó a los coreanos a desarrollar la confianza en sí mismos y desarrollar capacidades. Por lo tanto, pueden ganar y mantener la independencia.[2]

El de Dosan fue el tercero. Sin embargo, era un pragmático. Reconoció el potencial de los enfoques diplomático y militar. Cuando se presentó alguna perspectiva diplomática, aprovechó la oportunidad. También ayudó a fortalecer la capacidad militar de KPG.

Algunos activistas e incondicionales del KPG cometieron actos de terrorismo anti japonés. Debido a que Dosan era un destacado líder independentista, a veces se sospechaba que aprobaba estas acciones. Las autoridades japonesas interrogaron a Dosan, pero nunca pudieron contactarlo directamente.

Un aspecto del movimiento independentista que frustró enormemente a Dosan fue la diferencia ideológica entre los líderes y partidarios del KPG. Tenían diferentes visiones de lo que debería convertirse Corea. Esto incluyó nacionalismo, capitalismo, democracia, comunismo, socialismo y anarquismo.[3]

Estas brechas fueron profundas y divisivas. Tuvieron un efecto tóxico tanto dentro como fuera de la comunidad KPG. Dosan fue un humanista y nacionalista. Como humanista, su principal preocupación era ayudar a su pueblo a vivir lo más dignamente posible.

Filosofía política de Dosan

La medida de Dosan de la vida decente era la igualdad: las mismas oportunidades políticas, económicas y educativas para todos.[4]

Al igual que la frase "vida, libertad y la búsqueda de la felicidad" en la Declaración de Independencia de Estados Unidos, Dosan llamó a su visión de la política "la búsqueda del bien y el interés común".

Dosan fundó un partido político basado en esta visión. Era un partido único que unía a todos los partidarios del KGP y los luchadores por la independencia. A esto lo llamó Partido de la Independencia de Corea. Sin embargo, su llamado a la unidad no fue bien escuchado.

Dosan también se esforzó por crear igualdad y humanidad de otras formas. Pasó gran parte de su vida posterior buscando una propiedad donde pudiera construir una comunidad modelo. Su idea era asentar a los exiliados coreanos en una tierra donde pudieran mantenerse a sí mismos y ayudar al movimiento de independencia de Corea. Miró hacia el norte de Manchuria, pero la comunidad nunca se construyó.

El himno nacional coreano y la muerte de Dosan

El amor de Dosan por su tierra natal no tenía fronteras. Amaba tanto a Corea que la dejó con un legado duradero; escribió lo que se convirtió en el himno nacional coreano.[5] Incluso hoy, en cada ocasión oficial, sus compatriotas cantan con reverencia el himno que él escribió. Las actividades de Dosan lo llevaron a prisión tres veces. El último de estos encarcelamientos comenzó a degradar su salud. Dosan murió en Corea, a los sesenta años.

Los restos de Dosan, junto con los de su devota esposa, Helen Ahn, están enterrados en un parque construido en su honor. Dosan Park se encuentra en el centro de la bulliciosa capital de Corea. En 1962, el gobierno coreano otorgó a Dosan la Orden al Mérito de la Fundación Nacional, el más alto honor de la República de Corea.

Resumen

Una sinopsis de la vida de Dosan después de la YKA

-YKA era una organización de toda la nación coreana, un centro para la regeneración espiritual y moral en el país y en el extranjero.

-El Movimiento de Independencia de Corea fue difícil, con muchas divisiones y facciones.

-Dosan hizo un esfuerzo por ser un unificador.

-La ideología unificadora de Dosan: la "búsqueda del interés y el bien común" (en coreano, Dae-gong-ism).

-Dosan demostró el humanismo socialista en un esfuerzo por construir una comunidad modelo.

-En una contribución duradera al espíritu coreano, Dosan escribió el Himno Nacional Coreano.

Preguntas

Preguntas para reflexionar sobre la
última fase de la vida de Dosan:

-¿Cómo es la vida de Dosan, un modelo de activismo social?

-¿Qué lecciones puedes extraer de los años posteriores a la YKA de Dosan?

-¿Fue bien enfocado su esfuerzo unificador? No lo consiguió. ¿Por qué?

-Compare la "búsqueda del interés y el bien común" de Dosan con "la vida, la libertad y la búsqueda de la felicidad" en la Declaración de Independencia de los Estados Unidos.

-Dosan tenía una ideología. ¿Cuál era?

Reflexiones sobre la relevancia del YKA

Cosechas lo que siembras. Las personas capaces de la independencia cosecharán la independencia. Aquellos propensos a la esclavitud no cosecharán nada más que la ruina nacional. (De una carta que Dosan escribió a sus partidarios en Estados Unidos y México, en julio de 1921)

Ahora ha visto cómo se estableció YKA, sabe lo que representa y ha leído sobre la vida de Dosan. Puede reflexionar sobre lo que ha aprendido y sacar su propia conclusión. Aquí está la opinión de este autor sobre la relevancia de estos asuntos.

Construyendo poder

Piensa en Dosan como significado de poder. Para ti como individuo, ¿hasta qué punto eres el dueño de tu vida? Tu país, ¿Qué tanto puede determinar su propio rumbo? Primero, examínate a tí mismo. Pregúntate: ¿Qué es lo que falta para ser el dueño de mi propia vida? ¿A quién culparé por mis defectos? ¿Mi falta de educación? ¿Mi color de piel? ¿Mis padres? ¿La región de dónde vengo?

Debes aumentar tu conocimiento y mejorar tu habilidad a través de la educación. Puedes superar al resto. ¿Cómo? Cultivando valores positivos. Cuando te renuevas, te sigue el poder. La fuente de tu fuerza reside en tu remodelación interior.

Tu personaje recién reformado te permite trazar tu propio camino. A medida que las personas se comprometen con la transformación individual, cada uno agrega fuerza a su nación. La transformación personal es como matar dos pájaros de un tiro; te enriqueces a ti mismo y a tu país también.

Dosan le permite hacer un inventario de sus debilidades y fortalezas. Te hace reflexionar sobre dónde estás y hacia dónde te diriges. Esto te ayudará a superar tus problemas y desarrollar tu fuerza. Si esto no es relevante, ¿qué si lo es?

Otro punto a tener en cuenta: las ideas de Dosan son compartidas por otros grandes líderes de todo el mundo. La noción de Dosan -el corazón del poder de una nación es el tejido espiritual y moral del pueblo- es similar a las opiniones expresadas por otros dos destacados activistas, Mahatma Gandhi y Martin Luther King, Jr.

Mahatma Gandhi se refirió a Satyagraha, el poder del alma. Aquí es donde sacó sus fuerzas para luchar por la independencia de la India.[1] El líder estadounidense de derechos civiles Martin Luther King, Jr., en su discurso Tengo un sueño, suplicó a la gente que no juzgara a los demás por el color de su piel, sino por el contenido de su carácter. Hizo del carácter el núcleo del poder de este país.

El poder de la educación

¿Cómo se hace el cambio? Dosan respondió: A través de la educación. Tanto formal como informal. La educación formal es lo que brindan las escuelas a través de un plan de estudios. La educación informal es lo que tiene lugar fuera del entorno educativo formal.

Las lecciones que aprende de la vida cotidiana se consideran educación informal. Cada día ofrece nuevas experiencias. Aprendes de tus éxitos y errores. Vuelve a aprender. El objetivo de Dosan era elevar el nivel educativo a través de medios formales e informales.

La educación puede producir dos tipos de beneficios. Uno es práctico; mejorar el conocimiento y las habilidades de uno. Esto mejora las oportunidades de vida. El segundo beneficio es social; la educación ilumina e inspira a las personas. A medida que aumenta el número de personas educadas, se convierten en una fuerza potente, una fuerza capaz de cambiar.

La educación es un medio para el cambio social. Puede que esta no sea una idea terriblemente nueva para usted. Pero recordarlo debería ser relevante para cualquier persona interesada en el activismo social o en seguir una carrera en educación. El mensaje de Dosan fue bastante directo. Un par de citas de una carta que Dosan escribió en 1919 son bastante reveladoras:

Veo una tendencia peligrosa entre la gente educada. Tienden a quejarse más que los que carecen de educación. Por buena razón. Pueden informarse mejor. Como saben más, se prestan a menospreciar a las masas. Si cada persona educada actúa de esta manera, la nación se autodestruirá. Ten compasión de tu nación. Utilice la educación para cambiar y mejorar la vida de las personas.

La educación conlleva responsabilidad para con los demás seres humanos. De ahí mi súplica a los sabios y educados: Defiendan al pobre y al débil.

Humanismo de Dosan

¿No plantea esto preguntas sobre la relación entre estructuras y agentes? (Claus Offe, Reflexiones sobre el estado de bienestar: una entrevista, en Contradictions of the Welfare State, 1985, 258)[3]

Puede aprender lecciones del humanismo de Dosan en dos niveles. Uno se relaciona con la creencia en la agencia humana y el otro con el amor a la humanidad. La agencia humana se refiere a lo que hacen los humanos para marcar la diferencia. Sus decisiones y acciones determinan lo que sucede a su alrededor. La centralidad de los humanos es la marca de esta teoría.

El énfasis en la agencia humana contrasta con el énfasis en los sistemas. Mientras que la teoría de la agencia humana sostiene que los humanos marcan la diferencia, la noción de sistemas dice que el sistema impulsa el comportamiento humano. El sistema puede ser capitalismo, socialismo, comunismo o alguna otra ideología. En su vida, se le puede presentar la posibilidad de elegir entre diferentes ideologías.

Las ideologías no carecen de importancia. La gente vive y muere por ellos. No obstante, Dosan dejó que su humanismo triunfara sobre las ideologías. Él elige lo que es bueno para la humanidad. El amor de Dosan por la humanidad fue una extensión de su humanismo.

Dosan era un individuo raro. Podía involucrarse en políticas rudas y caídas y, al mismo tiempo, seguir siendo un humanista. Quizás, este aspecto de su vida te inspire a pensar en tu futuro, un futuro en el que puedas ser lo que quieras ser. Pero nunca pierdas de vista lo más importante. Humanidad.

Nacionalismo e imperialismo

El nacionalismo es una forma de política de identidad. Los seres humanos no se satisfacen únicamente con los recursos materiales. Exigen que otras personas reconozcan públicamente su yo auténtico (dignidad e igualdad de estatus). (Francis Fukuyama, Orden político y decadencia política, 2014, 186).[4]

La globalización es otro término para la dominación estadounidense. (Henry Kissinger, conferencia en Trinity College, Dublín, 12 de octubre de 1999)

El nacionalismo y el imperialismo se apoderaron de Dosan durante gran parte de su vida. El nacionalismo todavía está muy vivo. También lo es el imperialismo. Simplemente aparecen en un contexto diferente. A diferencia del imperialismo militante de décadas pasadas, el imperialismo moderno es económico. Se ve en la globalización. La globalización está impulsada por el libre comercio, el flujo internacional de dinero, la reubicación de los sitios de fabricación y las corporaciones transnacionales. En esta forma de imperialismo, las naciones ricas y poderosas dominan a los países más débiles.

La mayoría de los analistas tienden a equiparar esto con el neo imperialismo porque tiene el mismo efecto que el imperialismo del pasado.[5] El efecto es una combinación de dominio político y económico liderado por potencias avanzadas. El imperialismo pasado hizo más que dominar. Conquistó por completo.

El efecto neo imperialista de la globalización actual es sutil. La cultura, los valores y el estilo de vida de la potencia dominante arrasan lentamente con los de las personas de las partes menos desarrolladas del mundo. Esto erosiona la identidad étnica y cultural. Quita la autodeterminación y la autonomía que tenían los países más pobres. También se debe considerar el neo imperialismo interno o doméstico.

Se refiere a las situaciones de tipo imperial que enfrentan los países dentro de sus propias sociedades. El ejemplo más evidente es la forma en que las ciudades se dividen por clases. Los ricos y poderosos viven en una sección de la ciudad. Los pobres, a menudo de color, viven en otra sección. El sustento de este último depende de atender las necesidades de las élites de la clase alta.

Las víctimas de las injusticias e inequidades sociales se encuentran principalmente entre los estratos más bajos de la sociedad. La falta de vivienda, la trata de personas, la violencia doméstica y la delincuencia son algunas de las consecuencias sociales de la división de clases.

Ahora bien, a menos que provenga de la clase de poder dominante, es posible que le preocupe la globalización. Amenaza su identidad cultural y política. También puede preocuparle las consecuencias de la división interna de clases.

Cuando y si alguien acepta el desafío, es probable que invoque sus sentimientos de nacionalismo. Quizás se pregunte quién cuidará de su gente si usted no lo hace; este sentimiento nacionalista es un amor por tu gente. También puede temer que si pierde sus tradiciones, valores y singularidad nacionales, no es nadie; esta es una necesidad de identidad. Una faceta del nacionalismo está dirigida a la amenaza de descuido de sus hermanos; el otro es una amenaza para la nacionalidad. El nacionalismo es una fuerza reactiva. Puede usarlo para galvanizar y energizar a las masas.

Dosan hizo exactamente eso. Combatió la amenaza del imperialismo con el nacionalismo. Moldeó y consolidó esta idea en su pueblo. Pero agregó un componente importante. Dosan complementó su nacionalismo con el humanismo.

Mahatma Gandhi, Martin Luther King, Jr. y Nelson Mandela son iguales. Gandhi aumentó su tipo de nacionalismo indio con el poder de su alma, creando un movimiento de no violencia. King, para ganar del Congreso de los Estados Unidos la histórica Ley de Derechos Civiles de 1964, apeló tanto al nacionalismo estadounidense como al humanismo con sus llamados a la libertad, la igualdad y la democracia. Mandela combinó el nacionalismo africano y el humanismo en su campaña de toda la vida para poner fin a la política discriminatoria de apartheid de Sudáfrica.[6]

Aquí está su relevancia. Aprende una lección de estos sabios. Sea cual sea el papel que asumas, la integración del nacionalismo con el humanismo probablemente te resulte útil. El nacionalismo por sí solo puede parecer chovinista. Incorporar el humanismo le da a tu nacionalismo un rostro humano.

Es posible que tengas sus propios pensamientos sobre la relevancia de YKA. No obstante, esta es una perspectiva que te ayudará a ampliar sus propios puntos de vista e imaginación. Su relevancia para tu vida es como el techo que completa la imagen de la casa YKA.

Cimientos, pilares y techo de la casa YKA

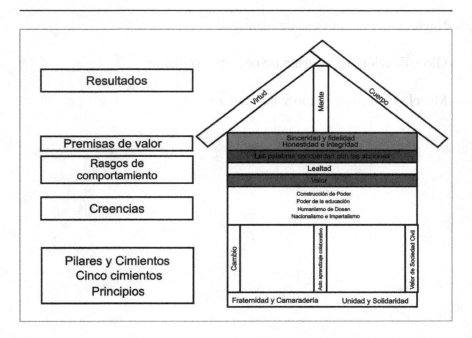

Resumen

-Universalidad de la noción de construcción de poder de Dosan

-Potencia de la actualidad de la educación

-Dos significados del humanismo: creencia en la agencia humana y preocupación por la humanidad.

-Nacionalismo, políticas de identidad

-Globalización, otra forma de neo imperialismo

-Mezcla de nacionalismo y humanismo

Preguntas

-¿Qué es lo que más te impresiona de Dosan y YKA? ¿Qué te parece más relevante para tu vida?

-Piensa en tus fortalezas y debilidades. ¿Cómo te inspira Dosan a afrontar sus debilidades?

-Nadie, ni ninguna nación es perfecta. ¿YKA te pide que seas algo que posiblemente no puedas ser? ¿O es lo que YKA espera de ti completamente factible?

-¿Qué tan relevante es para ti el humanismo?

-¿En qué sentido te atrae el nacionalismo?

- ¿Tiene sentido el concepto de neo imperialismo internacional?

-¿Es la globalización otra forma de imperialismo?

Discuta a favor y en contra de esta idea.

CAPÍTULO VIII

Observaciones finales

Dosan Ahn Chang Ho puede ser el más estudiado y analizado en la historia moderna de Corea. Los investigadores tienen diferentes puntos de vista sobre Dosan. Algunos dicen que era un moralista, algunos piensan que era un revolucionario, otros lo llaman nacionalista y algunos lo etiquetan como un educador convertido en luchador por la independencia.

Dosan es una persona demasiado compleja, para ser encasillado. Fue un poco de muchas cosas. Es probable que encuentre en Dosan lo que desea encontrar, más de una característica que de otra. A fin de cuentas, se le puede llamar nacionalista y humanista.

Con respecto a la fundación de YKA, Dosan tenía una agenda definida. Esa agenda fue la de producir una ciudadanía capaz de desarrollar y mantener la libertad y la democracia. Él creía que, para lograr este objetivo, primero debía renovarse el tejido moral y social de sus compatriotas coreanos. Imaginó que la YKS haría el trabajo de generar este cambio en las personas

Dosan y YKA son inseparables. Y el código moral y las reglas de oro de YKA son atemporales. Sin embargo, vivimos en tiempos muy diferentes a los que vivió Dosan. Tenemos que mirar su mensaje y sus valores desde la perspectiva de la era global y digital en la que vivimos.

Esto significa estudiar a Dosan como persona, separado de YKA. Por ejemplo, puedes comparar a Dosan con figuras políticas de otros países y otras épocas, que tuvieron experiencias similares. Mahatma

Gandhi; Martin Luther King jr.; Nelson Mandela; y Abraham Lincoln me vienen a la mente. Comparar a Dosan nos permite ampliar nuestra comprensión de él en un contexto más amplio.

YKA como institución tiene su propia vida y dinámica. Para que crezca y se desarrolle, debe ser adaptable. En el mundo actual, los reformadores y activistas a menudo logran sus objetivos a través de ONG (organizaciones no gubernamentales). YKA es una ONG. Por lo tanto, la incorporación de YKA a la comunidad de ONG bajo los auspicios de las Naciones Unidas en 2013 fue un paso positivo en la adaptación a un entorno moderno. Sin embargo, YKA necesita hacer más.

La creciente globalización actual exige que YKA amplíe sus alianzas organizativas y su colaboración en todo el mundo. La reorganización de YKA podría ser su próximo paso. Es decir, YKA puede necesitar reconfigurar su estructura organizacional existente para satisfacer las demandas globales. Otro paso podría ser un esfuerzo deliberado para difundir la YKA a los centros de población coreanos en el extranjero. Pensar en las formas en que YKA podría ayudar a acelerar la unificación de Corea también puede ser parte de su agenda global.

Este libro fue escrito para presentar la YKA a las comunidades de habla no coreana. Esto servirá como la primera oportunidad para que las poblaciones de habla en español del mundo conozcan YKA y, a su vez, para que YKA se relacione con ellos. El apéndice describe las actividades organizativas actuales de YKA, los símbolos y rituales organizativos y los estatutos.

DICIEMBRE 30, 1916

Apéndice

I. Colección de palabras de Dosan

Dosan nunca ha escrito un libro por sí mismo. Lo que tenemos son copias impresas de sus ideas, perspicacia y sabiduría extraídas de sus discursos y cartas. Los periódicos y revistas las llevaron en las diferentes fases de su vida. Más tarde, fueron recuperadas y recopiladas en libros, artículos, textos y comentarios.

Lo siguiente es una colección de cincuenta y ocho piezas de las palabras de Dosan. La sede de YKA en Seúl proporcionó la mayor parte de ello en su YKA, Heung Sa Dahn Text, 2010, 160-177. Y la sede de YKA también ha estado poniendo a disposición las palabras de Dosan en forma de viñetas tituladas 'Mensaje de esperanza de Dosan' en su sitio web y en correos electrónicos para miembros durante los últimos años.

Están organizadas para facilitar la comprensión bajo ocho temas separados: patriotismo, educación, liderazgo, amor, democracia, relaciones internacionales, política y crecimiento y desarrollo. Cada pieza que leas termina con una breve nota sobre su fuente original entre paréntesis. Puedes considerarlo equivalente a una nota al pie.

De esta manera, puedes adentrarte en la mente y el pensamiento de Dosan a través de sus propias palabras, otra oportunidad para comprender mejor el contexto del cual proviene YKA.

Patriotismo.

1. ¿Cuántos de ustedes asumen la responsabilidad de su país? ¿O se quedan ahí, retorciéndose las manos, mirando desde afuera como si los problemas de su país fueran responsabilidad de

otros? Cuando asumes la responsabilidad, te sientes involucrado y comprometido. Así que déjenme preguntarles una vez más. ¿Cuántos de ustedes son dueños de su país? *(De la carta de Dosan 'dueño o viajero' escrita a sus hermanos inmigrantes, publicada en la columna de noticias de Dong-A en 1924).*

2. Lo que estoy hablando aquí no es de un samaritano temporal que ayuda a un semejante y sigue adelante. Estoy hablando de un patriota permanentemente comprometido que realmente se preocupa y está haciendo algo por su país. *(De la misma fuente que la anterior en el #1).*

3. Cuando eres la cabeza de familia, te ocuparás de tu familia con los recursos que tengas. De la misma manera, si amas a tu país, harás todo lo posible por ayudar a tus compatriotas con los recursos que tengas. No pongas excusas diciendo que no puedes hacer nada porque no tienes dinero o apoyo material. *(De la misma fuente que la anterior).*

4. Veo a un buen número de voluntarios que ayudan a sus compatriotas. Pero lo hacen para salvar su reputación o presumir de sus acciones. Raramente he visto patriotas genuinamente comprometidos. Son muy pocos y distantes entre sí. *(De la misma fuente que la anterior).*

5. Hablar de tu plan para salvar al país del desastre es importante, pero lo que debería suceder primero son líderes que puedan salir adelante para sacrificarse por el amor a su país y su gente. *(De la misma fuente que la anterior).*

6. No estoy apelando a las emociones. ¡Como mi país, bien o mal! ¡Es un eslogan! Estoy hablando de un objetivo nacional en el que todos puedan unirse y al cual dedicar sus esfuerzos y energía. Sin un objetivo y visión comúnmente fundamentados, la unidad

nacional son solo palabras. *(De una carta escrita a compatriotas inmigrantes sobre 'unidad y desunión' en 1924).*

7. Sé cuál es nuestro objetivo. Nuestro objetivo es sacar a nuestro país del colonialismo japonés. Lo que debemos pensar es cómo lograrlo. Para ello, insto a cada uno de ustedes a que presente sus ideas. Deja que tus ideas compitan con las de los demás. *(De la misma fuente que lo anterior en el n.° 6).*

8. No entres en algo porque parezca elegante y popular. Selecciona un tema o un proyecto que te interese profundamente. Hasta el punto que sientes que lo posees. Así es como deberías sentirte respecto a tu país. Que uno tenga este sentimiento separa a un genuino patriota de un nacionalista común y corriente. *(¿De una carta a los camaradas sobre "la responsabilidad de la tarea en cuestión" en 1924?).*

9. Separara a un patriota cargado de emociones de lo que llamaré uno responsable. Emocionalmente uno se emociona cuando se trata de la independencia nacional. Eso es todo. Los patriotas responsables hablan y planean llevar a cabo lo que hay que hacer para asegurar la independencia. Pone en acción lo que habla. *(De la charla de Dosan a sus colegas del YKA en Estados Unidos, en 1926).*

Liderazgo.

10. Podrías hacer cosas por tu cuenta que te interesen personalmente. Pero si quieres hacer cosas por tu sociedad, necesitas un líder que pueda llevar a la gente a cooperar. ¡Valora a un líder! *(De una carta a compatriotas sobre 'líder').*

11. Pero no juzgues el liderazgo según un estándar elevado. Cualquiera que sepa cómo unir a las personas puede convertirse

en un líder, ya que la capacidad de generar cooperación es la clave para un buen liderazgo. *(Misma fuente anterior 'líder').*

12. Vivimos en una época en la que sentimos la necesidad de un buen líder, pero evitamos hablar de ello. Debido a que hemos visto tantos líderes que engañan y estafan, nos desconectamos, dejamos de escuchar o de hablar sobre ello. Esto no significa que desaparezca la necesidad de un líder. *(Misma fuente anterior 'líder').*

13. No permita que los rumores y los rumores influyan en su juicio sobre un líder. Recuerde que un líder es su prójimo. No despidas a un líder sólo porque cometió un pequeño error. Considera sus muchas buenas obras. Seguir a un líder también implica perdonar. *(Misma fuente anterior 'líder').*

14. ¿Recuerdas cómo Pedro negó a Jesús? La mayoría de las personas no se levantan para defender a un líder, aunque realmente lo respeten y sigan. Porque da la impresión de que estás atado a alguien y no quieres que la gente lo sepa. Para mí, esto es falta de sinceridad, un caso más de deshonestidad *(Misma fuente anterior 'líder').*

15. No tener un liderazgo competente es un problema, pero puedes superarlo uniéndote y cooperando entre sí. Su unidad y solidaridad pueden compensar la falta de liderazgo. *(De una carta a los "estudiantes coreanos de hoy").*

Democracia.

16. Escucho a muchos de ustedes defender la necesidad de unidad y criticar lo costosa que es la desunión. Las mismas personas que critican la desunión pueden unirse y unirse. *(De una carta a los compatriotas sobre "unidad y desunión").*

17. Dejemos que la opinión pública surja de este mercado de ideas. Esa opinión es la voluntad del público. Partir de esta voluntad sobre cómo lograr su objetivo es una forma democrática de tomar una decisión. *(De lo mismo que lo anterior sobre "unidad y desunión").*

18. Tuvimos un emperador. Nuestro futuro solía depender sólo de él. En una democracia, veinte millones de personas determinan el futuro de la nación. Los funcionarios del gobierno son sus servidores. Tú, el jefe, tiene que saber trabajar con los funcionarios públicos. Pero deben obedecer las órdenes del pueblo, no tu orden de barrer tu piso. *(De un discurso de Año Nuevo pronunciado en Shanghai, China, ante la congregación de exiliados coreanos en 1920).*

Educación.

19. Veo una tendencia peligrosa entre la gente educada. Suelen quejarse más que las masas sin educación. Por una buena razón, las personas educadas pueden leer e informarse mejor que los analfabetos. Como saben más, tienden a menospreciar a los que no tienen educación. Si cada persona educada actúa de esta manera, esa nación podría hundirse en su autodestrucción. Tengan compasión por las masas y la nación. Utilice su educación para convertirse en un agente de cambio. *(De palabras a compatriotas sobre 'propenso a quejarse o ser compasivo').*

20. Ser estudiante te permite prepararte para servir a la humanidad. Para ello, está bien estudiar humanidades y ciencias sociales, pero no dejes de estudiar también ciencias naturales. *(De una carta a los "estudiantes coreanos").*

21. Si vas a la escuela sólo para lucir tu diploma o uniforme, también podrías asistir a la granja de tus padres. Ir a la escuela para

adquirir conocimientos y habilidades útiles, una necesidad en la sociedad moderna. *(De un discurso pronunciado en Shanghai, China, sobre la "reforma" en 1919).*

22. La educación conlleva una responsabilidad hacia los demás seres humanos. De ahí que los eruditos y educados defiendan a los pobres y a los menos educados. *(De una carta a los jóvenes sobre los "estudiantes coreanos de hoy").*

Justicia.

23. ¿Eres optimista o pesimista? Si crees que tu objetivo es correcto y justo, lograrás alcanzarlo. Si no estás seguro de tu objetivo y no lo consideras honorable, es posible que no lo logres. *(De palabras a compatriotas sobre 'optimismo y pesimismo').*

24. El éxito de cualquier cosa que hagamos depende de si lo hacemos por nuestra vanidad y motivo hipócrita o por nuestra verdad y justicia. La vanidad y la hipocresía son como nubes. La verdad y la rectitud son como la roca. *(De su artículo sobre "De la vanidad desesperada a la sinceridad", publicado en la revista Dong Kwang, septiembre de 1926).*

25. La verdad y la justicia prevalecerán. *(De su discurso ante la congregación de una iglesia coreana en Shanghai, China, en 1926).*

26. Hagas lo que hagas, basa tu enfoque en la verdad y la justicia, no en la vanidad y la suerte. Encuentra a aquellos que comparten tus valores y moral, organícense y únase. Entonces, tus escépticos y críticos también se unirán a ti. *(De un artículo sobre "la vanidad desamparada y la sinceridad", septiembre de 1926).*

27. Sobre lo que determinaste que era correcto, debes impulsarlo, independientemente de lo que pueda suceder en el proceso,

bueno, malo o inconveniente. *(De una carta a los partidarios del YKA en Estados Unidos, mayo de 1921).*

28. Las circunstancias y condiciones existentes a veces pueden hacerte sentir desesperado. Pero si todos están unidos y creen en la rectitud de su objetivo, es posible que no sientan nada más que optimismo. El efecto de ese optimismo se multiplicará y afectará a toda la sociedad. *(De una carta a compatriotas sobre "optimismo y pesimismo").*

Amor.

29. Cuando miras la Biblia desde Génesis hasta Apocalipsis, te topas con referencias a los gustos, la bondad, la humildad y la caridad. Todos se reducen al amor, el objetivo final del cristianismo. Entonces, cuando visitas a tu pobre amigo que está curando su enfermedad, simplemente oras por él y no abres tu bolsillo para darle ayuda material. ¿Es esto amor? No se limite a hablar de labios para afuera. Muéstralo en acción. *(De un discurso pronunciado en una iglesia coreana en Shanghai, China, en 1919).*

30. La amistad consiste en la compasión y la bondad. Es como si los padres se preocuparan por sus hijos. Practiquemos la compasión y la bondad. Te sientes feliz y seguro si vives en una sociedad llena de amor y cuidado. Mientras que, si vives en una sociedad carente de amor, te sientes infeliz e inseguro. *(De una carta sobre la "sociedad compasiva y sin amor").*

31. El amor y la compasión son una virtud que necesitamos con urgencia. Todos estamos en el mismo barco. No te metas con la culpa de otra persona. No deprimas a tus amigos, anímalos. Muéstrales tu amor y cuidado. Así es como haces que tu

comunidad y tu sociedad sean habitables y felices. *(De lo mismo que el anterior en el n.° 25)*

32. Para mantener el amor y la compasión mutuos, hay que observar ciertas reglas y límites. Permítanme citar algunos.

- No interfieras en los asuntos de otra persona.

- Observa las diferencias en las personalidades.

- Preste atención a la privacidad y la libertad de elección.

- Minimizar entre amigos como pedir dinero prestado y pedir favores irrazonables.

- El amor de los padres es diferente del amor que sentimos hacia amigos y colegas. Conozca la diferencia.

- Generar confianza. Sin confianza, sin amistad duradera.

- Mantenga la etiqueta y los modales adecuados entre amigos. *(De lo mismo que el anterior)*.

33. Vivimos en una sociedad fría, egoísta y sin amor. Suplico a los colegas y camaradas de la Academia de Jóvenes Coreanos. Cultivemos y difundamos el amor y la compasión. *(De lo mismo que el anterior)*.

34. A pesar de que la ética de Confucio nos enseñó la compasión, vivimos en una sociedad indiferente y sin amor. Por eso digo, practicad el amor y la compasión. *(De lo mismo que el anterior)*.

35. El más infeliz es aquel que vive en una sociedad sin amor. El más bendito es aquel que vive en una sociedad compasiva. La compasión genera armonía y felicidad, lo que hace que la vida sea interesante y valga la pena vivirla. *(De comentarios sobre*

el efecto de las diferencias ideológicas entre los colegas en Shanghai, China, en 1926).

Política.

36. La gente dice que la política requiere vanagloria y autopromoción, mientras que la erudición exige razón, equilibrio y pensamiento intenso. Déjame decirte. La buena política también requiere una mente erudita. *(De una carta sobre "vanidad y sinceridad desesperadas").*

37. Los asuntos públicos y privados están interrelacionados. Por lo tanto, es importante mantener un buen equilibrio entre ambos. Ser bueno ocupándose de tus asuntos personales también te permite cumplir bien con tu responsabilidad pública. *(De palabras a compatriotas sobre 'responsabilidad ante tus asuntos').*

Solidaridad

38. Deberíamos encontrar un terreno común sobre el cual unirnos. Pero incluso si existe un terreno común, si nos falta confianza entre nosotros, es posible que no podamos unirnos. Entonces, debemos confiar unos en otros antes de que se produzca la unidad. Por tanto, no engañen ni hagan fraude. Si lo hace, nunca generará confianza. *(De una carta a los jóvenes sobre "formación del carácter y la unidad").*

39. Se pueden desarrollar la integridad y la unidad. Únete a una formación grupal que te ayudará a desarrollar la integridad y la solidaridad. Una vez que las personas íntegras están unidas, pueden lograr cualquier cosa. *(Del mismo que el n.° 31 anterior).*

40. La solidaridad es unidad. La unidad precede a todo. Una vez que estemos unidos, podremos cooperar y unirnos. La falta de unidad

conduce a la autodestrucción. Por lo tanto, no puedo enfatizar lo suficiente la importancia de la unidad. *(De lo mismo que el anterior).*

41. La fuerza es la clave de todo. La fuerza incluye la capacidad, el talento y el conocimiento de uno. Tu carácter también es parte de tu fuerza. De tu carácter, tu integridad es lo más importante. Lo siguiente es la solidaridad, hacer cosas por tu país. De ahí mi súplica a los jóvenes: construyan su fuerza sobre una fuerte integridad y solidaridad. *(De palabras a los jóvenes sobre "formación y formación del carácter").*

42. Se necesita cooperación y colaboración para realizar con éxito cualquier tarea. Aprenda y practique cómo cooperar y trabajar juntos. *(De una carta a los jóvenes sobre los "estudiantes coreanos de hoy").*

Relaciones Internacionales.

43. En comparación con el Japón, que adoptó antes la cultura y la tecnología occidentales, y con China, que tuvo la misma ventaja de estar expuesta a Occidente al estar en el centro del continente asiático, Corea, una península, se quedó atrás en su contacto con Occidente. Si hubiéramos estado expuestos a Occidente aproximadamente al mismo tiempo o antes que nuestros vecinos, habríamos sido igualmente capaces de lograr el mismo avance y desarrollo. *(De una carta a compatriotas sobre 'culpar o entender').*

44. Las personas que viven en los países industrialmente desarrollados realizan su tarea pensando en la planificación, la ejecución y los resultados finales. Para tomar sus decisiones, se basan en análisis estadísticos e ideas innovadoras. En los países subdesarrollados, la gente hace las cosas de la misma manera que sus antepasados

transmitieron sus antiguos conocimientos, con pocos cambios. Todo lo que se necesita son movimientos repetidos e irreflexivos. *(De una carta sobre "responsabilidad ante tus asuntos").*

Preparación.

45. Planifique, organice y piense en lo que puede ser necesario para realizar su plan antes de actuar. En otras palabras, prepárese antes de actuar. Algunos tienden a lanzarse primero a la acción y luego se preguntan dónde salió mal. Si conoce la diferencia entre preparación y aventurerismo, estará en una base sólida. *(De una carta sobre "vanidad y sinceridad").*

46. Una flor momentáneamente fragante y bonita no duraría mucho. Después de un tiempo, se marchitará. Si plantas una que eche raíces profundas, te dará placer durante mucho tiempo. Asimismo, nunca descuides una buena preparación. *(De lo mismo que el anterior).*

Crecimiento y desarrollo.

47. Cada uno de nosotros debe pensar por su cuenta y exponer sus pensamientos. No rechaces ideas porque provienen de alguien que no te agrada. Independientemente de dónde vengan las ideas, siempre que sean buenas, debemos considerarlas. *(De una carta a los compatriotas sobre "unidad y desunión").*

48. Cada vez que alguien dice o escribe algo, antes de tomarlo en serio, sospechamos si la persona tiene algún ángulo desde el cual engañar o defraudar. Esto es especialmente evidente entre la gente de clase alta que se gana la vida conspirando, traficando y criticando. Este hábito fraudulento se transmite ahora a nuestros jóvenes, lo que hace que nuestra sociedad esté infestada

de mentiras. *(De lo mismo que lo anterior sobre "unidad y desunión")*.

49. Si realmente quieres hacer algo por tu país, tienes que expulsar a tu peor enemigo. Esa es su falta de sinceridad y su mentira habitual. ¡Sea sincero! ¡Conviértete en una persona íntegra! *(De lo mismo que el anterior)*.

50. ¿Consideras que tienes demasiado tiempo libre? ¿Realmente no hay nada que hacer? Si es así, considere hacer dos cosas: primero, reexaminar su vida y restablecer sus metas y objetivos; y segundo, reparar y arreglar su vida familiar y hogareña. *(De palabras a compatriotas sobre 'cosas que hacer hoy, hazlo')*.

51. En mi opinión, el enemigo público número uno es la inquietud y la irresolución de nuestros jóvenes. No dejes que tus circunstancias te desanimen. Prepárate y defiende tus convicciones tanto en tu vida privada como en la pública. *(De una carta a los jóvenes sobre la necesidad de ser "pacientes y decididos")*.

52. No te desanimes por no saber qué hacer con tu vida. Si nuestros jóvenes pierden la esperanza, la nación perecerá. *(De la misma carta a los jóvenes anterior)*.

53. Si encuentras algo socialmente beneficioso que hacer, hazlo. La oportunidad perdida no volverá. *(De la misma carta a los jóvenes anterior)*.

54. Cualquiera que sea la línea de trabajo que elijas como carrera, acércate a ella con dedicación y espíritu de sacrificio. Dedícate a lo que haces y sirve tanto a tu propio interés como al interés público. *(De una carta a los jóvenes sobre los "estudiantes coreanos de hoy")*.

55. Para reformar una sociedad, cada miembro de la sociedad debe ser lo primero en reformarse a sí mismo. Porque la autoreforma

equivale a una reforma social. ¿Qué deberías reformar entonces? ¡Hábito! Cambia un mal hábito por uno bueno. Reemplaza tu mentira habitual con virtud e integridad. Si no lees, desarrolla el hábito de leer. *(De un discurso sobre la "reforma" pronunciado en Shanghai, China, en 1919).*

56. Cosechas lo que siembras. ¿Aún esperas cosechar algo cuando no has sembrado nada? No, no puedes. ¿Sembrar qué entonces? Siembra lo que te ayudará a desarrollar tu fuerza. Es cierto con una nación. Si una nación quiere ser fuerte y próspera, debe fortalecerse. *(De una carta a "mis colegas y camaradas del Gobierno Provisional de Corea" escrita en 1919).*

57. ¿No nos hemos dado cuenta de que nos faltan fuerzas? ¡Falta de recursos financieros, conocimiento y moral, colaboración y liderazgo! Ahora sabemos dónde necesitamos desarrollar nuestra fuerza. *(De una carta a los partidarios y colegas del YKA en Estados Unidos en 1921).*

58. Permítanme insistir nuevamente. Desarrollar fuerza, integridad y solidaridad. Para lograrlo:

   1. No mienta.

   2. Sea sincero y fiel en lo que hace.

   3. La confianza es como el capital y lo acumula.

   4. Los conocimientos y las habilidades también son capitales. Ser un experto en un área.

   5. Desarrollar hábitos de ahorro. Ahorra al menos 2/10 de tus ingresos. *(De lo mismo que el anterior).*

59. No olvides que todo lo que hace la YKA es por la nación y su gente. Por lo tanto, lo que haces no es sólo enriquecerte sino contribuir a tu sociedad y a tu nación. Uno para todos y todos para uno debe ser el espíritu de la YKA. *(De lo mismo que el anterior a los seguidores y colegas de YKA en Estados Unidos).*

Los estatutos de la Academia Joven Coreana

Preámbulo

Para los coreanos que se enorgullecen de su larga historia y tradición, deben estar equipados con un espíritu progresista y constructivo. Concedido que el cambio político, económico, educativo y cultural al que está sometido impacta en los puntos de vista y perspectivas de uno.

Pero creemos en nuestra capacidad creativa, una capacidad para cambiar y mejorar nuestro entorno social a partir del cual desarrollar nuevos valores y moral. Esto coincide con las ideas y puntos de vista de Dosan Ahn Chang Ho sobre la renovación de nuestro país. Su espíritu debería inspirarnos a todos a seguir adelante con nuestros camaradas de la YKA. Con este fin, prometemos nuestra responsabilidad y lealtad.

Artículo I

Sección 1. (Nombre)

Nuestra organización se llamará Young Korean Academy.

Sección 2. (Propósito)

Educar a hombres y mujeres fieles y sinceros comprometidos con la justicia y unidos en su esfuerzo por cultivarse moral y culturalmente, y compartir su camaradería constituye los objetivos de la YKA.

Sección 3. (Tres objetivos de formación)

Para lograr nuestros objetivos y propósitos anteriores, YKA y sus miembros se esforzarán por cultivarse y disciplinarse a sí mismos de las siguientes maneras y maneras.

1. Nos convertiremos en una persona íntegra, valiente y virtuosa, sin dejar de aprender nuevos conocimientos y mantener nuestra mente y cuerpo sanos.

2. Seguiremos y respetaremos la ley y el orden de la YKA y mantendremos nuestro espíritu de cuerpo entre nuestros colegas.

3. Participaremos en las actividades cívicas, así como en los servicios de voluntariado comunitario dignos de una ciudadanía democrática.

Sección 4. (Movimiento cívico)

YKA se compromete a seguir los movimientos cívicos, el desarrollo de la juventud, la unificación nacional, la transparencia, la educación y otros, según sea necesario.

Sección 5. (Programas)

YKA puede emprender otros programas y proyectos relacionados con la cultura y la educación, el medio ambiente, el bienestar, el voluntariado social y otros.

Sección 6. (Actividad política)

YKA como organización no participa en actividades políticas partidistas. Uno puede hacerlo, como individuo.

Rituales, símbolos y actividades cívicas de la YKA.

Los rituales y símbolos organizacionales representan la esencia de una organización o institución en particular. Desempeñan la función de vincular y unir a los miembros y simpatizantes de la organización. A continuación los rituales y símbolos de la YKA.

Sección 7. (Cinco promesas)

1. Los miembros de la YKA deben cultivarse y disciplinarse a sí mismos de acuerdo con las reglas de oro de la YKA, fidelidad y sinceridad, lealtad, virtud y compromiso con la verdad y la justicia.

2. Ayúdense unos a otros con amor y lealtad.

3. Participe en las actividades de la YKA en unidad y solidaridad.

4. Cumplir con la responsabilidad de uno de manera justa y transparente.

5. Priorizar el interés público primero y, como ciudadano democrático, servir fielmente a la nación y a su gente.

Artículo II

Sección 8. (Sede)

YKA tendrá su sede en Seúl, Corea, y su estructura de gobierno estará formada por la asamblea general, la junta directiva y la oficina de auditoría.

Sección 9. (Asamblea General)

La Asamblea General está facultada para realizar las siguientes funciones:

1. Elegir y destituir al presidente de la Asamblea General y sus miembros, al presidente de la Junta Directiva y sus miembros, y al Oficial de Auditoría.

2. Revisar y enmendar los estatutos de la YKA.

3. Adoptar y revisar las reglas y regulaciones de la YKA.

4. Formular y aprobar el presupuesto y los gastos.

5. Deliberar y votar el orden del día y las propuestas del Consejo de Administración.

6. Considerar y adoptar otras ideas y propuestas legislativas importantes.

Rituales, símbolos y actividades cívicas de la YKA.

1. Quienes obtuvieron la membresía de pleno derecho de la YKA elegirán no menos de 50 miembros de la Asamblea General por un período de tres años; Para asegurar una representación geográfica equitativa, la primera mitad de los 50 miembros de la Asamblea General provendrán de elecciones generales y la segunda mitad de los distritos.

2. La Asamblea General elegirá un presidente y varios vicepresidentes según sea necesario.

3. El presidente de la Asamblea General supervisa todas las funciones y asuntos relacionados con la Asamblea General, y el vicepresidente ocupa el cargo de presidente en ausencia de este último, o lo que el presidente le asigne para realizar y llevar a cabo.

4. El presidente de la Asamblea General convocará una reunión plenaria de la Asamblea General al menos una vez al año cuando lo considere apropiado, o cuando lo soliciten más de diez miembros de la Asamblea General y celebrará una reunión solicitada en quince días. En caso de que el presidente de la Asamblea General no convoque a una reunión o no responda a una solicitud de reunión sin ningún motivo en particular, los miembros de la Asamblea General que lo soliciten pueden asumir el papel de presidente y convocar una reunión.

5. El presidente de la Junta Directiva y el oficial de auditoría podrán asistir y expresar sus puntos de vista en la reunión de la Asamblea General.

Sección 10. (Rol y función de la Junta Directiva)

1. Formular e implementar tareas y programas relacionados con las funciones y objetivos de YKA.

2. Formular y ejecutar la gestión presupuestaria y fiscal de la YKA.

3. Aprobar, administrar y disciplinar la forma en que todos los órganos, movimientos y ramas locales de la YKA desempeñan su papel y función aprobados.

4. Cualquier otra función y tarea aprobada.

Organización de la Junta Directiva.

1. Los Directores de la Junta estarán compuestos por un presidente, varios vicepresidentes según sea necesario y once miembros de la Junta por un período de tres años.

2. La Asamblea General elige al presidente de la Junta Directiva, a los miembros de la Junta Directiva por recomendación del

presidente de la Junta Directiva, y los miembros de la Junta Directiva elegirán su vicepresidente (s).

3. El presidente de la Junta Directiva representa a la YKA y los vicepresidentes ocupan el puesto de presidente en ausencia de este último, o ejecutan lo que el presidente le asigne.

4. El presidente del Consejo de Administración podrá convocar la reunión del Consejo de Administración cuando lo estime necesario y, en su defecto, podrá hacer lo propio el vicepresidente.

Sección 11. (Rol y función de auditoría)

1. Realizar auditorías administrativas y fiscales.

2. Impartir medidas disciplinarias a los miembros y organizaciones y filiales locales.

3. Puede decidir sobre la interpretación del poder de revisar y enmendar las reglas y regulaciones de la YKA, así como sus estatutos.

4. La Asamblea General elige a cinco oficiales de auditoría para un mandato de tres años.

5. En la reunión del personal de auditoría se elige al oficial jefe de auditoría más un oficial de auditoría de rango, y el oficial de auditoría de rango asume la función de oficial de auditoría en su ausencia.

6. El director de auditoría podrá convocar una reunión de personal en cualquier momento que considere apropiado. Si la oficina principal de auditoría no puede celebrar una reunión o no responde a una solicitud de reunión de los oficiales de auditoría, al menos dos o más oficiales de auditoría pueden convocar una reunión en

su nombre y pueden elegir a su propio auditor principal de entre ellos y facultarlo para presidir la reunión.

Sección 12. (Disposición de oficio)

1. Se prohíbe la asunción múltiple de la membresía de la Asamblea General, el puesto de la Junta Directiva y la función de auditoría.

Sección 13. (Reglas sobre sub organizaciones)

1. Permite el establecimiento de comités, sucursales y oficinas de campo con base en uno o varios estados nacionales extranjeros.

2. Permite el establecimiento de sucursales de la YKA basadas en una sola región o en un solo gobierno local o en una organización.

3. En caso de que haya muchas sucursales regionales y oficinas sobre el terreno, se permitirá el establecimiento de una sede regional para la coordinación local.

4. Las filiales locales y regionales pueden encargarse de organizar a los estudiantes y jóvenes.

Sección 14. (Organizaciones auxiliares)

1. La sede de la YKA y sus sucursales locales y oficinas de campo pueden organizar una oficina central y / u organizaciones auxiliares relacionadas para dirigir y supervisar el movimiento cívico regional.

2. Deberán existir reglas y regulaciones para dirigir todas las organizaciones locales.

Sección 15. (Administración)

1. La sede de la YKA y sus sucursales y oficinas locales pueden instalar sus respectivas oficinas de administración para ejecutar funciones administrativas, así como los objetivos de la política de la YKA.

2. Las leyes y reglamentos rigen la administración de la YKA.

Sección 16. (Convención anual)

1. La sede de la YKA y sus suborganizaciones celebrarán una convención anual para revisar y evaluar las actividades del año pasado, renovar y fortalecer la camaradería.

Artículo III

Sección 17. (Categoría de membresía)

YKA tendrá la siguiente categoría de membresía; miembro de pleno derecho, miembro preparatorio, miembro emérito y miembro especial.

1. La admisión de miembro pleno se otorgará, tras jurar el cargo, a los miembros preparatorios de dieciocho años o más que hayan recibido al menos un año de entrenamiento de auto aprendizaje de la YKA y hayan completado sus deberes y responsabilidades de la YKA, o ha mantenido, al menos, la condición de miembro emérito de dos años.

2. El que haya presentado una solicitud de membresía deberá alcanzar un estado de miembro preparatorio con su consentimiento para seguir y tomar los valores, metas y objetivos de la YKA como guía en la vida.

3. Se otorgará miembro emérito a los recomendados por el Consejo de Administración y sus suborganizaciones.

4. El estatus de miembro especial se otorgará a aquellos que han sido partidarios de la YKA, y a quienes la Junta Directiva y sus sub organizaciones recomiendan otorgar una membresía especial.

Sección 18. (Admisión de membresía y juramento)

1. Las organizaciones locales y las sub organizaciones pueden realizar el procedimiento de admisión de miembros de la YKA y realizar el juramento del cargo, pero una vez hecho, deben informar a la sede.

2. La ejecución del procedimiento de admisión de miembros y el juramento del cargo se llevarán a cabo de acuerdo con las reglas y reglamentos establecidos.

Sección 19. (Derechos de membresía)

1. Los miembros plenos tendrán derecho a voto, a ser elegidos para sus cargos, proponer leyes y votar sobre ellas.

2. Los miembros preparatorios, los miembros eméritos y los miembros especiales tendrán derecho a proponer legislación.

Sección 20. (Obligaciones de los miembros)

Los miembros de pleno derecho y los miembros preparatorios observarán las siguientes obligaciones.

1. Obedecer y seguir los estatutos, legislaciones, reglas y regulaciones de la YKA.

2. Asistir a todas las sesiones y reuniones de la YKA.

3. Ser responsable y contribuir al fondo YKA y la gestión presupuestaria y fiscal relacionada.

4. Participar en todas las clases y sesiones de formación de YKA.

Artículo IV

Contabilidad y gestión de activos

Sección 21. (Activo)

1. YKA tendrá dos tipos de activos: básicos y generales.

2. YKA real estate constituye el activo básico y el resto, general.

3. Todo lo que la Asamblea General vote como activo básico se asignará al activo básico.

4. Cualquier cambio al activo básico es posible por resolución de la Asamblea General.

Sección 22. (Finanzas)

1. Las contribuciones financieras mensuales y / o anuales de los miembros a la YKA constituyen los ingresos básicos de los que todos los órganos y oficinas relacionados pueden obtener su parte del fondo para cubrir sus gastos necesarios.

2. La sede y las suborganizaciones pueden realizar actividades de recaudación de fondos de la YKA.

3. El fondo recaudado localmente se destinará para uso local, pero por resoluciones de la Junta Directiva, parte del fondo puede gastarse para la construcción de la oficina de campo del capítulo local.

4. Todo lo que se acumule en el fondo depositado localmente puede gastarse para cubrir los gastos recurrentes y los asignados al proyecto y al programa.

5. Cualquiera que sea la cantidad que genere la recaudación de fondos puede destinarse a gastarse únicamente para el propósito para el cual se recaudó el dinero.

Sección 23. (Contabilidad)

1. La contabilidad YKA consistirá en la contabilidad de los fondos de ingresos especiales y la contabilidad de los fondos propios.

2. El año fiscal de la YKA sigue al año fiscal del gobierno.

Sección 24. (Premio)

1. Por recomendación de la Junta Directiva y / o por resolución de la sub organización local, YKA puede otorgar un premio por su servicio sobresaliente y contribuciones al cumplimiento de las metas y objetivos de YKA.

Sección 25. (Disciplinas)

1. La YKA puede suspender, reprender y privar de los derechos y privilegios de la membresía de una persona en caso de que haya actuado en contra de las metas y objetivos de la YKA o se haya liberado de infligir daños a la YKA o deshonrarla. La parte agraviada podrá llevar su caso a los auditores para apelación y reconsideración.

2. Lo mismo se aplica a las organizaciones locales y sub organizaciones de la YKA. Si alguno de ellos, como organización, ha actuado o se ha comportado en contra de las metas y objetivos de YKA, también puede ser suspendido, reprendido y privado

de su estatus organizativo de YKA. La unidad agraviada puede llevar su caso a los auditores para apelación y reconsideración.

Articulo VI

Reglas complementarias

Sección 26. (Modificación de los estatutos)

La enmienda de los estatutos es posible por 2/3 de los miembros de la Asamblea General y cuando 2/3 de los miembros de la Asamblea General están presentes.

Sección 27. (Quórum)

Salvo en ocasiones especiales, 2/3 de los miembros presentes constituirán quórum, y el voto de 2/3 de los miembros presentes calificará para aprobar o adoptar una medida.

Sección 28. (Priorización)

Si surgiera la necesidad de priorizar a los miembros en relación con resultados electorales divididos, asignación de funciones o incluso asientos, a menos que los estatutos, las reglas y la resolución establezcan lo contrario, la prioridad de un miembro se otorgará en el orden en que cada uno haya alcanzado su membresía completa.

Ritual

A. Saludo de mano

Las reuniones de la YKA comienzan y terminan con un saludo de mano.

Cómo saludar:

1. Doble la mano derecha con el dedo meñique hacia el frente y el pulgar hacia atrás.

2. Con el codo cerrado, levante la mano derecha doblada.

3. Mantenga su pulgar apenas tocando la mitad de su frente.

4. Mire hacia arriba 15 grados.

B. Saludos

El saludo de mano realiza el saludo básico entre los compañeros de YKA.

C. Apretón de manos giratorio

1. Objeto: Reafirmar y renovar el compañerismo y el vínculo colegiado entre pares. Se hace al principio o al final de la reunión.

2. Cómo: La persona focal en una reunión determinada se coloca en el centro. El resto de participantes hacen fila a su izquierda. El que está a su izquierda más inmediato le da la mano primero. Luego, camina a su derecha. Luego, la siguiente persona a su izquierda se da la mano y se mueve hacia el apretado.

3. Este patrón continúa de forma circular hasta que la última persona en la fila estrechó la mano de todas las personas precedentes.

D. Título

Los miembros de YKA se llaman entre sí por su primer nombre. Esto es para afirmar la igualdad entre todos los miembros.

Vista frontal del saludo de YKA   Vista lateral del saludo de YKA

Paul Min, presidente de la sede YKA Los Ángeles 2017.

Símbolos

A. Primer símbolo

El primer objeto simbólico de YKA es un ganso porque los gansos acuden a la información. Siguen al que encabeza la manada. Este comportamiento impulsado por la manada simboliza la unidad y la cooperación. Podemos aprender de su agudo sentido del orden y la dirección.

B. Base de la bandera de YKA

El carácter de Achin se utiliza en la base de la bandera. Cuando lo convierte en un botón o insignia, no es necesario que lo coloque en un círculo. Mantenga el tamaño del ala de ganso dentro de los 5 mm.

C. Bandera YKA

La bandera se compone de cuatro colores, con amarillo que denota sinceridad y fidelidad, rojo, acción, camina con el ejemplo, blanco, lealtad y justicia, y azul, coraje.

D. Logotipo

El círculo representa la dedicación de YKA al esfuerzo de construcción de la nación de Corea, así como a su democratización. En el medio, un ganso simboliza la determinación de YKA de seguir adelante. El símbolo azul marca YKA mirando hacia atrás en su orgullosa historia.

Bandera de la Young Korean Academy

Bandera de Young Korean Academy: amarillo que representa sinceridad y fidelidad, rojo, camina con el ejemplo, blanco, lealtad y justicia, azul, coraje, un ganso, la mascota de la YKA.

Logo de la Young Korean Academy

E. Uso del logotipo

La forma y el tamaño del logotipo no están sujetos a cambios. Representa el estatus oficial de YKA como organización. Está prohibido el uso del logotipo con fines comerciales.

F. Bandera nacional coreana y bandera YKA

En ocasiones oficiales, se puede usar tanto la bandera nacional coreana como la bandera de la YKA, cada una plantada en un soporte de tres cuadrados. La bandera nacional debe estar a la izquierda y YKA a la derecha.

Banda de hombro G. YKA

-Forma y tamaño: ancho 9cm, largo 170 cm, bordes triangulares, 5cm.

-El color de la banda del hombro varía según el estado de la membresía
Miembro completo: amarillo y rojo

-Miembro preparatorio: amarillo y azul

-Miembro especial: amarillo

-Miembro emérito: Azul

-Uno lleva banda en el hombro, con amarillo en la parte superior, en división de dos colores.

Actividades y organizaciones cívicas

A continuación se presentan los movimientos y actividades cívicos de la YKA. Debería dar a los lectores una mirada a lo que hace YKA en casa y en el extranjero.

Centro para el Movimiento de Unificación de Corea

Dedicado al estudio de los problemas de la unificación coreana y la educación del público sobre la necesidad de la unificación, y la realización de tareas y proyectos humanísticos hacia el objetivo de la integración de Corea del Sur y del Norte. Este movimiento fue lanzado el 8 de marzo de 1997.

Centro de Movimiento de Transparencia

Establecido el 13 de mayo de 2001 con el propósito de fortalecer la rendición de cuentas pública y privada del pueblo y la sociedad coreanos, incluido el régimen. Esto es para que YKA sea un catalizador en la sociedad coreana al hacer cumplir las reglas de oro, honestidad, integridad y justicia de Dosan y YKA.

Centro de educación

Establecida el 5 de octubre de 2002 para promover la educación de jóvenes y adultos jóvenes. Esto incluye investigación educativa y desarrollo de políticas.

Fundación Privada de la Young Korean Academy

YKA es una fundación privada. El Ministerio de Educación, Ciencia y Tecnología de Corea lo aprobó en 1969. En 1993, YKA tiene cinco sucursales locales en Seúl, que funcionan como una fundación privada. Fuera de Seúl, tiene quince fundaciones locales y regionales.

Academia Dosan

Dosan Academy sucede a una que comenzó en junio de 1989 como un grupo dedicado al estudio y educación de los problemas de la unificación coreana. A partir de 1999, este grupo evolucionó hasta convertirse en la actual Academia Dosan, otra fundación privada. Ahora, brinda enseñanza y capacitación a los seguidores y seguidores de la YKA.

Fundación de Apoyo a la Juventud de Dosan

En enero de 1996, YKA estableció esta fundación dedicada al avance del bienestar, los valores y el desarrollo moral de la juventud coreana. Enseña el patrimonio según las pautas y la aprobación del Ministerio de Cultura y Deportes de Corea.

Centro de aprendizaje permanente YKA

Según el artículo 5 de los estatutos de la YKA, este centro de aprendizaje permanente se estableció para desarrollar una política de aprendizaje permanente y un programa educativo. Este centro de aprendizaje permanente organiza seminarios, publica el aprendizaje y promueve la educación de adultos.

YKA Central Educational and Training Institute

En marzo de 2001, este instituto de capacitación se estableció para implementar el Artículo I, sección 7, cinco compromisos de la YKA que consisten en reglas de oro. Además, su objetivo es proporcionar a los miembros y seguidores de la organización YKA programas educativos y de formación impulsados por los valores de Dosan y YKA.

Instituto de Investigaciones Juveniles

En mayo de 1992, YKA estableció este instituto de investigación para estudiar y desarrollar políticas relacionadas con la juventud.

Gestión de organizaciones y programas encomendados

Estas son organizaciones y programas establecidos por otras jurisdicciones, donde los fundadores originales confían a YKA para que los dirija y administre. Porque su naturaleza y función se ajustan a las metas y objetivos de YKA. YKA actualmente dirige catorce organizaciones y programas en toda Corea.

Programas y actividades de alcance global de YKA

Durante los últimos quince años, YKA ha logrado grandes avances en la expansión de sus actividades a países fuera de Corea, manteniendo el ritmo de la globalización.

- En 1988, YKA lanzó el Programa de Intercambio Juvenil Peace and Unity Quest del Noreste de Asia. El equipo juvenil coreano realizó un viaje de estudio por sitios y artefactos patrióticos coreanos en China, seguido de simposios celebrados entre estudiantes coreanos y chino-coreanos. A partir de 2016, este programa se expandió para incluir a los jóvenes japoneses, convirtiéndose en un evento trilateral.

- La visita del equipo japonés de reconciliación histórica a YKA en 2005 inició un programa de viaje de estudios entre estudiantes universitarios coreanos y japoneses. Sus eventos de seguimiento incluyeron a los estudiantes japoneses del área de Tokio que visitaron YKA en 2014, el viaje de estudios de los estudiantes coreanos a Tokio en 2015 y a Osaka y Tokio en 2016.

- La YKA U.S.A., dirigida por el capítulo YKA de Los Ángeles, lanzó el programa YKA Boys Scouts en 2012. Actualmente, veinticinco jóvenes coreano-estadounidenses participan en este programa.

- La YKA se acerca a Camboya. Este programa comenzó con voluntarios de YKA que ayudaron a arreglar un orfanato estatal y ayudaron a una familia discapacitada necesitada en un área fronteriza con Camboya y Tailandia en 2014. Este programa continúa con los voluntarios de YKA que ayudaron a construir bibliotecas de Dosan (hasta ahora construyeron cuatro), cuidando de una guardería infantil, un orfanato y una escuela en cuatro zonas rurales. Esto se expandió a un programa de intercambio juvenil continuo entre voluntarios de la YKA y estudiantes universitarios camboyanos, que incluyó una capacitación en ciudadanía global.

- En 2014, la YKA se unió a la ONU (ECOSOC) con un estatus consultivo especial, lo que llevó a la YKA a asistir a la convención de derechos del niño en 2015, así como a la conferencia de organizaciones no gubernamentales de la ONU celebrada en Corea en 2016.

- Otro evento de divulgación mundial que comenzó en 2014 es un programa, donde los voluntarios de YKA se aventuraron en Myanmar por invitación del Instituto de Investigación Forestal del Ministerio de Conservación Ambiental y Silvicultura de Myanmar para ayudar a mejorar sus herramientas e instalaciones educativas en 2015. Esto se extendió al entorno, crearon una biblioteca digital, arreglaron el jardín de infancia, ayudaron a cultivar el macizo de flores de la escuela y mejoraron sus instalaciones recreativas en 2016. Catorce jóvenes de Myanmar y cuatro voluntarios de la YKA participaron en este esfuerzo global.

- Día de Dosan Ahn Chang Ho en California. El 13 de agosto de 2018, la Legislatura del Estado de California adoptó por unanimidad una resolución, ACR 269, que designa cada 9 de noviembre, el cumpleaños de Dosan, como el Día Dosan Ahn Chang Ho de California. El Honorable Steve S. Choi, Ph.D. El Distrito 68 de la Asamblea patrocinó esta resolución con el Honorable José Medina, Distrito 61 de la Asamblea, co-patrocinándola. Esto allana el camino para que Dosan sea una figura global.

La YKA continuará con todos los esfuerzos de alcance global anteriores en los próximos años.

Notas finales

Capítulo 1.

1. Esta frase es la paráfrasis del autor de las palabras y espíritu atribuidas a Dosan. para referencia en inglés véase, Kim Hyung-chan, Tosan Ahn Chang-ho: Un Perfil de un Patriota Profético (Seúl, Corea: Fundación Conmemorativa de Tosan, 1996), 19: Lee Gwang Su, Dosan Ahn Chang-ho (Traducción en inglés), (Seúl, Corea: Heung Sa Dahn, 2005), 12-13; Kim Byung-il, Pionero Coreano-Americano de Dosan, Una Biografía de Dosan Chang-ho Ahn (Cerritos, California: Traducido, editado y publicado por el Instituto del Pacífico para la Construcción de la Paz, 1995). 10-11; y Pionero Coreano-Americano de Dosan (Los Ángeles, California: Hung Sa Dahn, E.U.A, 2015), 18-19.

2. La Young Korean Academy tiene sede en Seúl, Corea. Tiene capítulos en el extranjero y afiliados en los Estados Unidos, Canadá y otros lugares. Los capítulos y afiliados en Norte América incluyen ubicaciones en Los Ángeles, Silicon Valley, Chicago, Nueva York, Filadelfia, Nueva Jersey, Washington D.C., región noroeste con sede en Seattle, y región del sudeste basada en Atlanta. También se encuentra un capítulo en Toronto, Canadá. La YKA opera una veintena de programas de alcance mundial con las fronteras de Japón, China, Camboya, Myanmar y Tailandia. YKA también mantiene una membresía con la ONG de la ONU.

3. Desde la fundación de YKA en 1913,han salido muchos líderes y activistas distinguidos. En cuanto al año 2016, YKA ha tenido más de 10,000 miembros y seguidores; miembros de pleno derecho (3365), miembros electos (7803), miembros especiales (180) y miembros eméritos (84). Después de un riguroso entrenamiento

de preparación, los miembros electos se convierten en miembros de pleno derecho. Ver, Him-eul Gileu-so-seo [Fortalece tu poder], (Los Ángeles, California: The Centennial History of Young Korean Academy in U.S.A, 2013), 543-548; Heung sa Dahn Baek-yeon- Principios y valores de la Young Korean Academy 91 Sa [100 años de historia de la Young Korean Academy], (Seúl, Corea: Young Korean Academy, 2013), 1070-1211.

4. Lo que movió a Ahn Chang-ho a adoptar Dosan como su seudónimo, fue cuando vio una montaña verde y exuberante que se elevaba en medio de un océano, cuando su barco estaba a punto de atracar en Hawái, en 1902. Esa montaña solitaria lo golpeó como si fuera su destino, una figura solitaria dispuesta a cambiar el mundo. A partir de entonces, su seudónimo Dosan se quedó con él toda su vida. Ver, Kim Hyung-chan, Ahn Chang-ho, 31.

5. Ibíd., 19; Si desea saber más sobre cómo las potencias vecinas dieron forma a la política coreana de principios del siglo XX, consulte Eugene C.I. Kim y H. K. Kim, Corea y la política del imperialismo (1876-1910), Berkeley, California: Prensa de la Universidad de California. 1967). Gales, Nym (Helen Foster Snow y Kim San), Canción de Arirang: Un Comunista Coreano en la Revolución China (San Francisco, Ca: Rampart Press, revisado, 1941); Horace N. Allen, M.D., Una Colección de Bocetos y Anécdotas, Misioneras y Diplomáticas (Nueva York: Fleming Revell Co., 1908); James S. Gale, Corea en Transición (Cincinnati, Ohio: Jenning & Graham, 1909).

6. Uno puede aprender más sobre las situaciones geopolíticas de la península de Corea a finales del siglo XIX y principios del XX y el impacto que tuvo en la política de la corte coreana. Ver, Choy Bongyoun, Coreanos en América (Chicago: Nelson-Hall, 1979), 21-42; Bruce Cumings, El lugar de Corea bajo el sol: una historia moderna (Nueva York: W. W. Norton, 1997), 86-138;

Donald Clark, Viviendo peligrosamente en Corea: la experiencia occidental, 1900-1950 (Norwalk, CT: East Bridge, 2003), 27-59.

7. Arthur Gardner, The Korean Nationalist Movement and Ahn Chang Ho: Advocates of Gradualism (Honolulu, Hawaii: Ph.D. diss. University of Hawaii, 1979). This is a doctoral dissertation that describes and analyzes how nationalism and gradualist philosophy shaped much of Ahn Chang Ho's public life. 92 Cha

8. Arthur Gardner, El Movimiento Nacionalista Coreano y Ahn Chang Ho: defensores del gradualismo (Honolulu, Hawaii: Ph.D. diss. Universidad de Hawaii, 1979). Esta es una tesis doctoral que describe y analiza cómo el nacionalismo y la filosofía gradualista dieron forma a gran parte de la vida pública de Ahn Chang Ho. 92 cha.

9. Ibíd.

10. Of English sources on Confucianism and Korean society see, James Palais, Confucian Statecraft and Korean Institutions (Seattle, Washington: University of Washington Press, 1996), 19- 179; Brian Lee, "Confucian Ideals and American Values" in Kim Ilpyong, ed.,Korean-Americans: Past, Present and Future (Elizabeth, New Jersey: Hollym International, 2004), 273-278; Michael Robinson, Cultural Nationalism in Colonial Korea, 1920-1925 (Seattle, Washington: University of Washington Press, 1988).

11. Para fuentes en inglés sobre el confucianismo y la sociedad coreana, véase James Palais, Política Confuciana e Instituciones Coreanas (Seattle, Washington: Prensa de la Universidad de Washington, 1996), 19- 179; Brian Lee, "Ideales Confucianos y Valores Americanos" en Kim Ilpyong, ed. Coreano-Americanos: Pasado, Presente y Futuro (Elizabeth, New Jersey: Hollym International, 2004), 273-278; Michael Robinson, Nacionalismo

Cultural en Corea Colonial, 1920-1925 (Seattle, Washington: Prensa de la Universidad de Washington, 1988).

12. En ese entonces, esta escuela era conocida como Escuela Underwood, llamada así tras su fundador, Horace G. Underwood (1859-1916), un misionero de la Iglesia Presbiteriana del Norte de Estados Unidos. En coreani, era llamado Gu-se Hak-Dang (traducción literal al español: Academia Salvar el Mundo). Esta academia fue la predecesora de Choseon Christian College, la actual Universidad de Yonsei en Corea del Sur. Ver, Kim Hyung-chan, Tosan, p. 26.

13. Ibíd., p. 32; para fuentes en inglés sobre los inmigrantes coreanos a los Estados Unidos a principios del siglo 20 véase, Warren Y. Kim, Coreanos en América [traducción al inglés de Jae-mi Han-in O-sypyeon-sa, Reedley, California, 1959], (Seúl, Corea: Po Chin Chai Printing Co., 1971); Marn J. Cha, Coreanos en California Central, 1903-1957: Un Estudio de los Asentamientos y la Política Transnacional (Lanham, Maryland: University Press of America, 2010), 190-194; Choy Bong-youn, Coreanos, 91-123.

14. Ver un fácil de leer, Dosan: Pionero Coreano Americano (Los Angeles, California: Hung Da Dahn, U.S.A), 2015, 46-72.

15. Nuestra Red de Historia (Woo li Yeok-sa, net), 2/3 http://Contents.history.go.kr?front/hm?view.do=hm_121_0100

16. Ibíd.

17. Frank N.D. Buchman, Rehaciendo el Mundo (New York: Robert McBride & Company, 1949). Principios y Valores de la Young Korean Academy 93.

Capítulo 2

1. Harvey McKay, "Manteniendo tu Vida en Perspectiva", Fresno Bee, 4 de julio, 2016.

2. Tu Wei-Ming, Way, Aprendizaje y Política: Ensayos sobre el Intelectual Confuciano (N.Y: State University of New York Press, 1993), 38.

3. Terry Jordan, La Constitución de los Estados Unidos y Hechos Fascinantes al Respecto (Naperville, Ill.: Oak Hill Publishing Company, 2012), 45.

4. https://en.m.wikipedia.org/wiki/Unus_pro_omnibus,_ omnes_ pro_uno

5. "Carta a mis Compatriotas sobre la Unidad y la Desunión," de Dosan, Shanghai, China, 1920.

6. http://franceintheus.org/spip.php.article620

7. Charles W. Colson, Nacido de Nuevo (NY: Chosen Books, Baker Publishing), 2008. 94 Cha.

Capítulo 3

1. Giovani Sartori, Teoría Democrática (NY: Frederick A. Praeger, 1965), 286.

2. El discurso de Dosan "A mis Estudiantes" que se cree que entregó a sus estudiantes de la escuela Dae Sung en 1908.

3. James B.Palais, El Arte de Gobernar Confuciano y las Instituciones Coreanas: Yu Hyeong Won y la tardía Dinastía Choseon (Seattle, Washington: University of Washington Press, 1996), 120- 130.

4. A los lectores les podría gustar leer un clásico en este debate., Gunnar Myrdal, Asian Drama: Una Investigación sobre la Pobreza de la Nación, Abridged (N.Y.: Vintage Books, 1972), 213-336.

Capítulo 4

1. Francis Fukuyama, Orden Político y Decadencia Política: De la Revolución Industrial a la Globalización de la Democracia (N.Y. Farrar, Straus y Giroux, 2014), 207.

2. George Simpson, ed., Emile Durkheim (N.Y.: Thomas Crowell Company, 1963), 42-45.

3. Aaron Wildavsky, Decir la Verdad al Poder: El Arte y la Artesanía del Análisis de Políticas (Boston: Little, Brown, 1979).

Capítulo 5

1. J. Michael Martinez, Ética de la Administración Pública para el Siglo XXI (Santa Barbara, California: Praeger, 2009), 113.

2. Yuasa Yasuo, trans. Por Shigenori Nagamoto y Monte S. Hull, El Cuerpo, Autocultivo y Energía Ki (N.Y.: State University of New York Press, 1993), 7-28. Principios y Valores de la Young Korean Academy 95.

Capítulo 6

1. Cha, California Central, 192-193; Movimiento Internacional Heung Dahn: Dosan Ahn Chang Ho: Unas Impresiones Eternas (Los Angeles, California: Hung Sa Dahn, U.S.A., 2013), 10-17.

2. Richard Allen, Syngman Rhee de Corea: Un Retrato No Autorizado (Rutland, Vt.: Charles Tuttle Company, 1960), 17-27; Henry Cu Kim, ed. & Trans. Dae-Sook Suh, Los Escritos de Henry Cu Kim: Autobiografía con comentarios de Syngman Rhee, Pak Yong-man, y Chung Sun-man (Hawaii: University of Hawaii Press, 1987); El Instituto de Estudios del Movimiento de Independencia de Corea, La Historia del Movimiento de Independencia de Corea (Seúl, Corea: El Salón Coreano de la Independencia de Corea, 2014), 172-188.

3. Kim, Tosan Ahn Chang Ho, 135-171.

4. Jacqueline Park, "Cuna de la Alianza: Ahn Changho y las Raíces Cristianas de la Constitución Coreana" en Robert Buswell Jr., y Timothy S. Lee. Eds. Cristianismo en Corea (Hawaii: University of Hawaii Press, 2006), 116-148.

5. Hay controversia sobre quién realmente escribió el himno nacional coreano. Los partidarios de Yun Chi-Ho replican que Yun lo escribió. Sin embargo, la evidencia pesa mucho, que Dosan lo escribió. Véase, Ahn yong-whan & Oh Dong-chun, Himno Nacional y Ahn Chang Ho [Ae-guk-ka-wa Ahn Chang Ho], (Seúl, Korea: Chung Media, Hung Sa Dahn Publicación Centenial Conmemorativa, 2013), 38-41. 96 Cha.

Capítulo 7

1. Pendrell Moon, Gandhi y Modern India (NY Norton, 1969); Joseph Lelyveld, Great Soul: Mahatma Gandhi y su lucha con la India (N.Y.: Alfred Knopf, 2011).

2. Harvard Sitkoff, King, Peregrinación a la cima de la montaña (NY Hill and Wang, 2008; Ervin Smith, Ética de Martin Luther King, Jr (N.Y.: Edwin Mellen Press).

3. Claus Offe, Contradicciones del Estado de Bienestar (Boston, Mass: MIT Press, 1984), 258.

4. Francis Fukuyama, Political Orden Político y Decadencia Política: De la Revolución Industrial a la Globalización de la Democracia (N.Y.: Farrar, Straus y Giroux, 2014), 186.

5. Ankie Hoogvelt, La Globalización y el Mundo Poscolonial: La Nueva Economía Política del Desarrollo (Baltimore, MD: The Johns Hopkins University, 1997), 29-37.

6. Marn J. Cha, "Valores Éticos y Cambio Social: Mahatma Gandhi, Martin Luther King, Jr. y Ahn Chang Ho," Revista Coreana de Ciencias Sociales, Vo. 40, No. 3, Diciembre 2013, 101-111.

Bibliografía

Ahn Yong Whan and Oh Dong-chun, National Anthem and Ahn Chang Ho [Ae-guk-ka-wa Ahn Chang Ho]. Seoul, Korea: Chung Media, Hung Sa Dahn Centennial Memocial Publication, 2013.

Allen, Horace N., MD., A Collection of Sketches and Anecdotes, Missionary and Diplomat. New York: Fleming & Revell Co., 1908.

Allen, Richard. Korea's Syngman Rhee: An Unauthorized Portrait. Rutland, Vt.: Charles Tuttle Company, 1960.

Buchman, Frank N.D. Remaking the World. New York: Robert McBride & COmpany, 1949.

Cha, Marn J. Koreans in Central California, 1903-1957: A Study of Settlement and Transnational Politics. Lanham, Maryland: University Press of America, 2010.

_____. "Ethical Values and Social Change: Mahatma Gandhi, Martin Luther King Jr. and Ahn Chang Ho," Korean Social Science Journal, Vol. 40, No. 3, December 2013, 101-111.

Choy Bong-youn, Koreans in America. Chicago: Nelson-Hall, 1979.

Clark, Donald. Living Dangerously in Korea: the Western Experience, 1900-1950. Norwalk, CT: East Bridge, 2003.

Colson, Charles W. Born Again. NY: Chosen Books, Baker Publishing, 2008. https://en.m.wikipedia.org/wiki/Unus_pro_omnibus,_omnes_pro_uno http://franceintheus.org/spip.pjp.article620

Jordan, Terry. The U.S. Constitution and Fascinating Facts about It. Naperville, Ill.: Oak Hill Publishing Company, 2012.

Kim Byung-il, Korean American Pioneer Dosan, A Biography of Dosan Chang-ho Ahn. Cerritos, California: Translated, edited and published by The Pacific Institute for Peacemaking, 1995.

Kim, Eugene C.I. and Kim H.K. Korea and the Politics of Imperialism (1876-1910). Berkeley, California: University of California Press. 1967.

Kim, Henry Cu, ed. & Trans. Dae-Sook Suh. The Writings of Henry Cu Kim: Autobiography with commentaries on Syngman Rhee, Pak Yong-man, and Chung Sun-man. Hawaii: University of Hawaii Press, 1987.

Kim, Hyung Chan. Tosan Ahn Chang-ho: A Profile of a Prophetic Patriot. Seoul, Korea: Tosan Memorial FOundation, 1996.

Kim, Warren. Koreans in America [English translation of Jaemi Han-in O-syp-yeon-sa, Reedley, California, 1959]. Seoul, Korea: Po Chin Chai Printing Co., 1971.

Lee, Brian. "Confucian Ideals and American Values" in Kim Ilpyong, ed. Korean-Americans: Past, Present and Future, Elizabeth, New Jersey: Hollym International, 2004.

Lee, Gwang Su. Dosan Ahn Chang Ho (English translation), Seoul, Korea: Hung Sa Dahn, 2005.

Lee, Myung Wha, Dosan Ahn Chang Ho Eui Dong-Rip-Wun-Dong Gwa Tong Il Ro-seon (Dosan Ahn Chang Ho's Korean Independence Movement and His Unification Road Map), Seoul: Kyung In Moon Whasa, 2002.

Lelyveld, Joseph. Great Soul: Mahatma Gandhi and His Struggle with Smith, Ervin. Ethics of Martin Luther King Jr. N.Y.: Edwin Mellen Press, 1998.

The Institute of Korean Independence Movement Studies. The History of the Korean Independence Movement. Seoul, Korea: The Korean Independence Hall of Korea, 2014.

Tu Wei-Ming. Way, Learning and Politics: Essays on the Confucian Intellectual. N.Y.: State University of New York Press, 1993.

Yasuo, Yuasa. Translated by Shigenori Nagamoto and Monte S. Hull, The Body, Self-Cultivation and Ki-Energy. N.Y.: State University of New York Press, 1995.

Wales, Nym (Helen Foster Snow and Kim San), Song of Ariran: A Korean Communist in the Chinese Revolution (San Francisco, Ca: Rampart Press, revised, 1941).

Wildavsky, Aaron. Speaking Truth to Power: The Art and Craft of Policy Analysis. Boston: Little, Brown,

Glosario

- Sinceridad y fe 성실과 믿음

- Honestidad e integridad 정직과 성실

- Caminar la charla; combina tus palabras con tus acciones 말을 걸어라. 말과 행동을 일치시키다

- Lealtad 충의

- Justicia 정당성

- Coraje 용기

- Virtud 덕

- Cuerpo 몸

- Mente 정신

- La búsqueda de bien común y el interés 공익과 이익 추구

- Unidad y solidaridad sagrada 일치와 신성한 연대

- Autocultivo colaborativo 협동 자기 계발

- Fraternidad y amistad 형제애의 우정

- Disciplina y entrenamiento 규율과 훈련

Índice

Printed in the United States
by Baker & Taylor Publisher Services